湛庐CHEERS

与最聪明的人共同进化

HERE COMES EVERYBODY

1

THE HIGH POTENTIAL'S ADVANTAGE

2

高潜力人才的5大关键能力

3

4

[美]杰伊·康格 艾伦·丘奇 著 徐烨华 译
JAY A. CONGER ALLAN H. CHURCH

浙江教育出版社·杭州

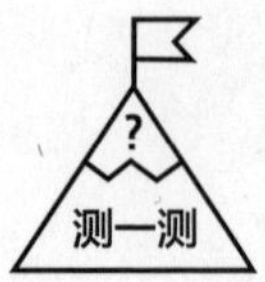

你知道如何成为高潜力人才吗?

扫码激活这本书
获取您的专属福利

扫码获取全部测试题及答案,
一起了解高潜力人才所必需的
5 大关键能力

- 高潜力人才是指能得到企业加速提拔的员工吗? (   )

  A. 是

  B. 否

- 作为一名高潜力人才,以下哪种做法能够培养你加速学习的能力? (   )

  A. 以单一方式展开学习

  B. 提升自我意识

  C. 同时发展多项技能

  D. 只与位高权重者保持良好关系

- 作为一名高潜力领导者,如果发现你的团队中有能力与职位级别不匹配的员工,你应该将这类员工转移到其他团队中吗? (   )

  A. 应该

  B. 不应该

扫描左侧二维码查看本书更多测试题

目 录

前言　有限的资金和机会投资于最有潜力的人 _ 001

第一部分 高潜力人才的关键能力

01 情境感知：如何与上级建立信任关系 _ 023

第一任务：感知并灵活应对 4 个机会区 _ 025

找准并适应上级的工作风格 _ 038

你是否触碰到了上级的“雷区”_ 043

如何与难相处的上级共事 _ 046

02 领导团队：如何专注于团队发展，激发潜力 _ 055

人才乘数效应，你的团队是你的左膀右臂 _ 057

上级会如何评估你领导团队的能力 _ 060

领导团队的 5 大核心技巧 _ 063

03 全面把控：如何在极具挑战性的任务中获得成功 _ 081

适应不确定状态 _ 084

5 次重要谈话，让上级参与进来 _ 092

构建牢靠的合作关系，让团队积极参与 _ 094

理解不同任务的意义 - 096
高潜力人才要面临的任务 - 098
拒绝 4 类任务 - 101

04 化繁为简：如何将散乱的数据与信息转化为有价值的洞见 - 107
你清楚各层级的人需要了解哪些信息吗 - 109
把握关键时刻 - 111
3 步掌握化繁为简的技能 - 114

05 加速学习：如何将洞见转化成绩效表现 - 131
自我提升 VS 晋升 - 133
从每一次经历中学习新知识 - 134
一切始于多样化学习 - 136
自我评估 - 139
5 大策略培养加速学习的技能 - 141

第二部分
如何在高潜力人才评估中脱颖而出

06 了解企业评估高潜力人才的方式 - 161
以数据为基础开展评估 - 162
你是否能影响评估结果 - 166
评估结束之后该做些什么 - 181
高潜力人才评估中不应做的 4 件事情 - 182

07 用合适的方式顺利通过企业的人才评审流程 _ 187
人才评审会议的 3 大核心内容 _ 188
如何影响人才评审会议 _ 191
主动出击 _ 201

08 展现企业文化所重视的品格特征 _ 203
文化既是助推者又是绊脚石 _ 206
企业文化深刻影响着你的职业走向 _ 208
5 大文化变量 _ 211
尽快掌握任务指标 _ 214
识别社交动力中的不成文规则 _ 219
影响人们看法的无形因素 _ 222
如何融入新文化 _ 223
守住真我 VS 适应企业文化需求 _ 224

结语 **发挥全部潜力，把控你的职业道路** _ 229
致谢 _ 243

THE HIGH POTENTIAL'S ADVANTAGE

前言

有限的资金和机会投资于最有潜力的人

你雄心勃勃，知道自己拥有尚未得到开发的巨大潜力。你梦想有一天能够成为一名高管，甚至是首席执行官。在工作方面，你总是干劲儿十足，总想肩负更重要、更有价值、更具挑战性的责任。最重要的是，你发自内心地想成为一名有影响力的领导者，能够真正发挥作用，受人敬仰，一呼百应。你希望成为企业中的高潜力领导者，也就是有望晋升至更高层级的高管。如果你符合上面描述的种种特征，那么恭喜你，我们这里有一份助你圆梦的路线图。

满怀抱负、想要成为领导者的你，心里一定有诸多疑问，本书的目的正是解答此类问题。例如，你可能会暗自思忖：想要成为高管，自己需要做些什么，需要具备哪些技术、能力和知识？这些方面的内容会随着职业生涯的不同阶段发生变化，还是自始至终都大同小异？想要更快、更顺利地进入企业高层，自己是留在如今所在的企业中机会更大，还是跳槽之后机会更大？你还会想到：当上级在评估你是不是一个高潜力领导者时，会重点关注哪些方面？企业又是如何评估你的潜力的？你是应该积极参与各种竞选来要求升职加薪，还是应该低调地将自己手头的任务尽可能做到最好，然后默默期待上级能够慧眼识珠？如果企业中的高管守口如瓶，你如何才能知道自己是不是他们眼中的高潜力人才？

对于你怀有的这些疑问，本书将一一为你解答。无论你是刚刚参加工作、刚加入一个企业的普通员工，还是有一定工作经验的专业人士，抑或是想着如何才能成为首席执行官、首席财务官、首席运营官的初级管理人员，本书都能够提供你想要的答案。

我们为全球许多知名企业设计并落实了高潜力人才的识别体系，培养、观察并评估了成千上万名各级管理者。为了撰写本书，我们还采访了一百多名领导者和几十名资深人力资源管理人员，他们都对所在企业内部的高潜力人才有着深入的了解。不仅如此，我们还对高潜力领导者做过深入研究。

我们发现，高潜力人才都拥有 5 大关键能力，而正是这 5 大关键能力将高潜力人才与其他人区分开来。任何人都可以通过学习来更好地掌握这些能力。

但是我们的研究也表明，一个人必须全部精通这 5 大关键能力，才能登上企业的高潜力人才名单。此外，你必须不断精进，才能保证自己不被刷下去。这 5 大关键能力中的一些能力是提高其他能力的基础，因此本书也会循序渐进地进行介绍。

在《高潜力人才的 5 大关键能力》一书中，我们将深入研究这 5 大关键能力，告诉各位这些能力分别是什么，它们是如何运作的，以及你应如何培养它们。我们还将带你到幕后，去了解企业如何判定你是否值得提拔。你将深入了解你所在的企业采用了何种机制和体系来完整、准确地评估员工是否具备高潜力。

我们撰写本书的目的很简单，就是帮你成为企业中一位有影响力的人物，最终为你打造一个辉煌的职业生涯。无论你的职业状况或行业现状如何，你都会发现这本书十分有参考价值。

什么是高潜力人才

某企业曾给“高潜力人才”下过一个简洁明了的定义：“高潜力人才在企业中可塑性极强，是极具价值的贡献者。企业通常会跨级提拔此类人才，并将高层领导的职位委任于其中一些人。”

许多企业对“高潜力人才”给出的定义非常具体，即“此类人才的能力足以胜任高于其目前职位两级或两级以上的职位”。

如果说“绩效”是用于考核你当前的工作表现，那么“潜力”则是用于指出你将来在领导职位表现优异的可能性有多大。大多数人都希望在工作中表现良好，并且得到赏识。企业深谙此道，因此设计了将薪资和绩效挂钩的体系来强化这种观念。

但如今，企业对领导层的要求可不只是达到最佳绩效这么简单。企业求贤若渴，希望找到能够快速成长且能独当一面的人才。因此，企业会主动评估你是否能够胜任更高的职位。

在决定给你升职之前，企业会问一些简单的问题：“你拥有快速学习的能力吗？能够在短时间内胜任比现在更复杂、更重要的工作吗？”本书将助你一臂之力，让你每次面对此类问题时，都能信心满满地回答：“当然没问题！”

然而，只有一小部分人能够得到跨级提拔。我们对数百个企业进行了研究。研究表明，在一个企业中，一般只有10%～15%的人符合企业对高潜力人才的要求。

高潜力人才的 4 大优势

为什么一个员工会想成为高潜力人才呢？因为一旦被企业选中，无数新机会的大门将会打开。企业的人才培养资源向来都是僧多粥少，而企业通常会将绝大部分的资源投入在培养一流的、最具潜力的人才上，这个逻辑很简单。因此，对于企业来说，最明智的选择就是将有限的资金和机会投资于最有潜力的人。

一旦成为高潜力人才，你将拥有别人根本无法企及的优势。下面列出几项主要优势：

- **加速升职。**对于高潜力人才，企业通常会重点培养并快速提拔。这就意味着他们在企业各个层级的升职速度超过其他人。还有一点也很重要，那就是对这些迅速升至领导层的人展开的研究表明，在接手新岗位大约 18 个月后，他们通常就会得心应手。因此，如果你是高潜力人才，那么你可能会比同仁更快地适应新岗位。
- **职位调动更频繁，体验更多样化的领导角色。**高潜力人才不仅会被加速提拔，还有更多机会去巩固、完善自身的业务知识和领导能力。如果你所在的企业将你评定为高潜力人才，那它会更频繁地调动你的岗位，将你放在能获得重要经验的关键岗位上，或是让你接手别人很难有机会接触的重要项目。我们就认识一位前途大好的 24 岁女性，她在所在的企业已经换至第三个职位了。有时候，频繁的工作变动就是为了测试你的领导能力。首席执行官可能会邀请你加入一个特别项目组，让你为新产品线制订战略计划、在合资企业任一把手，或是让你参与一项大型收购项目，成为尽职调查小组的一员。在大型跨国企业中，拥有国际化视野和各国的工作经历是成为一名高管的先决条件。作为一名高潜力人才，你将有大量机会开展全球商务旅行，处理国际层面的业务。更重要的是，你所在的企业会更加认真地考虑你的职业前景，确保你在加速升职的道路上畅通无阻，而这些都是你的同事没有机会享受的。

- **拥有更多的发展资源和支持。**作为高潜力人才，与你的同事相比，你几乎总是能优先享用企业的发展资源。我们在一项研究中发现，50%的跨国企业将主要培养资源集中投在高潜力人才身上。这就意味着你可以优先参与企业内部的领导力培训计划、导师带徒计划，也可以优先参加外部课程培训、特殊项目，率先获得辅导支持、反馈和评估。有些人可能会抱怨这些事情占用了他们的休息时间，因为企业很少会因为员工要参与这些事项而减轻他们的工作量。如果你乐于接受，表明你的确是一个可造之材；反之，如果你主动选择退出，则无异于告诉企业你根本不希望被视为高潜力人才。
- **更容易受到高层领导的赏识。**成为一名高潜力人才，意味着你将拥有更多机会与企业高层领导接触，甚至可能会与各部门的执行总监共事。你可能会参与特殊任务、受导师引荐、受邀出席平时无缘参与的各种活动，以种种方式接触到高层领导，甚至获得与高层领导共餐的机会。

在大多数情况下，首席执行官可能已经对你有所了解。事实上，他很可能对你了如指掌。首席执行官在和你碰面之前，已经知道你的工作成绩、教育背景、任职过的岗位乃至前雇主的信息。他还很有可能已经了解你的领导能力、职能优势、职业发展偏好、各类评估结果，以及你异地转岗的意愿等。在对你进行人才评估，并为你未来的职业发展进行规划时，首席执行官将对这些信息做出全方位的考量。相应地，你必须在工作中足够出类拔萃，必须时刻保持竞争力，去赢得此类特殊待遇。

你是不是企业眼中的高潜力人才

大多数企业一般不会直接告诉员工他们是否被视为高潜力人才。大型企业里极有可能存在一个高潜力人才库，但 40% ～ 60% 的企业不会将此类信息正式告知员工。

是否应该公开高潜力人才库之争

在各个企业的领导层中，关于是否应该公开高潜力人才库的争论由来已久，而且依旧没有定论。一些人认为此类信息不应该公之于众，他们的理由十分充分。首先，他们认为，在得知自己未能入选高潜力人才库之后，员工很有可能丧失斗志，工作起来毫无干劲。而且，企业可能较为重视内部团队合作，上级也就不愿意将高潜力人才库的信息公开化，因为公开此类信息有可能使团队内部竞争白热化，从而让工作环境变得恶劣。其次，上级不想让员工过分膨胀升职加薪的野心，担心员工变得骄傲自负。最后，对于那些在高潜力人才库合格标准线上徘徊的员工，企业也会再三考虑。企业当然希望这些人都能合格，但还需对他们做进一步的考核。而一旦高潜力人才库的信息公之于众，企业就不方便设计对他们的考核内容了。

那些支持公开高潜力人才库的人同样有着令人信服的理由。首先，他们认为高潜力人才这一标签本身就是一个巨大的嘉奖，当然应该让大家知道。

公开此类信息能够使员工更加积极地工作，仅仅是进入该人才库这件事就能激发员工的动力。因为员工知道，只要保持出类拔萃，便能前程似锦。其次，一旦员工知道自己会在企业内快速晋升，就不大可能选择跳槽。最后，研究还表明，大多数年轻员工都很重视信息公开化。如果企业能够做到公开透明、平等公正，并将人才培养的计划和信息公之于众，年轻员工更愿意加入进来。在信息公开化方面，告知员工其在企业中的位置是非常关键的一部分，而且这样做能吸引更多人才。

揭秘企业如何识别高潜力人才

企业究竟使用何种机制来评定员工是否属于高潜力人才？关于这一点，一直以来都是个谜。我们将在本书中揭开谜团。你会了解到，获得并保持高潜力领导者的地位，究竟需要哪些能力。围绕高潜力人才的评定和选拔机制，产生了一个行业，各个企业为此也是不惜重金。虽然对高潜力人才的评定选拔可以追溯到古代中国和古希腊，但如今企业所采用的选拔机制的雏形最早出现在20世纪。20世纪60年代，美国军方使用了一种机制来选拔军官，这种机制很快就被美国电话电报公司（AT&T）等大型企业用于人才选拔。几年之后，各种选拔机制应运而生，种类和数量也开始激增。

众多管理顾问、猎头公司、招聘公司以及心理咨询团队设计出各种各样的考核方式、调查问卷和模拟测试，以此来评定一个人是否能够成为一名合格的高管。高潜力人才测试包括认知测试（测试智商）、性格测试（用于了解一个人的性格，以及其可能存在哪些劣势）、360度评估（评估一个人在工作场合的各种行为），以及现场评估或者在线模拟（了解一个人的知识储备、判断力以及在各种场合做出的决策）。这些工具都有各自的优点和局限性，我们将在后续章节中详细讨论如何才能更好地应对它们。在如今的就业环境中，你根本无法避开这些评估机制。

找准自己的定位

如果企业故意隐瞒你在企业中的定位，你该怎么办呢？如果你很想知道企业如何看待你，那你大可以直截了当地询问。如果你无法得到答案，那就得找找线索了。在下面的小专栏“你是否已经被企业视为高潜力人才”中，我们列出了一些你很有可能已经被企业视为高潜力人才的常见特征。

如果小专栏中的部分特征和你当前的境况相吻合，那么你很有可能已经被企业视为高潜力人才了。你下一步要做的，便是使自己保持这个状态，不被刷下去。进入了高潜力人才库，不代表你就能高枕无忧了。大多数企业通常每年都会检查一次高潜力人才库中每个人的状况，并决定淘汰掉哪些人。在一些企业中，高潜力人才库处于持续更新的状态。更新人才库是人才管理的标准程序。在后续章节中，我们将深入探讨高潜力人才惨遭淘汰的原因，帮助你在职业生涯中避免犯类似错误。

你是否已经被企业视为高潜力人才

阅读下面列出的情况，看看哪些描述与你所处的境况相吻合。吻合度越高，你越有可能已经是企业高潜力人才库中的一员。哪怕现在你还不是，至少也表明你离跨入高潜力人才库的门槛不远了。

- 你的绩效评估一直都很好。当企业以奖金或其他长期激励措施鼓励员工时，你总能获得你应得的，甚至超过其他同事所得。

- 当企业有新项目、新任务出现时，你总是最先受邀加入。
- 你的经理及其上级和人力资源部门经常询问你近来的工作状况和接下来的计划。对于如何在一年之内从现在的岗位晋升到目标职位，你已经做了规划，而企业对此十分重视，并且会积极回应你。
- 企业时常邀请你参加领导力培训项目。这类项目的会议通常都安排在高档酒店等特殊地点，演讲者也能提供大量有用信息。
- 企业会安排你与高管、董事会成员、高级人力资源主管甚至首席执行官共餐。
- 企业会邀请你参加正式的评估和培训项目、参与各种调研和测试，甚至会邀请高管教练根据测试反馈来帮你制订个性化的发展计划。
- 企业赋予你越来越多的职责，来培养你新的能力。
- 企业不断为你安排各种艰难的项目和任务。

为什么潜力评估不靠谱

衡量员工潜力的过程充满了不确定性和主观性，这也是我们撰写本书的主要原因之一。这个过程中需要判断员工在从未待过的岗位上、被要求去做从未做过的工作时会有何表现。大多数上级只会通过你在现岗位上的表现来评定你所具有的潜力，然而研究表明，仅仅去观察一个人当下的表现是很难预测其未来的表现的。在下文中，我们解释了评定一个人的潜力并不靠谱，而上级的判断尤其靠不住的原因。

由于企业很难确切评估出一个人的潜力，因此这正是你可以利用的因素。一个人在 5 大关键能力上的表现最能影响上级的看法。上级会以这些表现来衡量你是否已经准备好成为高潜力人才。而你完全可以自主培养这 5 大关键能力。

潜力评估既是一门科学，又是一门艺术，其中艺术的成分相对来说更多些。为什么这么说呢？因为当一个人在对别人做出判断时，难免会受自身偏见和喜好的影响。在企业中，你的经理会综合考虑他的个人观察和感受、同事们的反馈以及正式的评估测试，来判断你的能力如何。因此，不同的上级对你的评价很有可能大相径庭。

以米歇尔为例，作为一名战略顾问，她经验颇丰。企业在聘请她时也正是看中了这点。米歇尔刚进企业时就职于某业务部门，主要负责将企业总部的战略大纲转化为具有实操性的商业计划。她表现得非常出色，被企业视为高潜力人才。两年后，米歇尔被提拔到企业总部，负责带领团队确定企业的新计划。

米歇尔的新上级是企业的战略副总裁，刚开始非常支持她。但在不到 6 个月后，该上级就认为米歇尔想要胜任这份工作，能力仍有欠缺。企业的高潜力人才库也随之将她除名了。又过了 6 个月，企业甚至考虑将米歇尔纳入绩效计划，并且，如果她表现不合格就有可能辞退她。而这一切转变距离她被企业评为高潜力人才、获得优异无比的绩效评估还不到 12 个月。虽然米歇尔尽了最大努力，但是上级还是认为她无法胜任这个新职位。

后来，企业将她的上级和另一位副总裁做了平级调动。这样就给了米歇尔一个短暂的喘息机会，让她重新审视了自己的能力。与前任上级相比，新任上级的需求和工作方式完全不一样。米歇尔天生的优势和工作风格再次得到新上级的赏识。一年之后，她再次获得了晋升，也再度被视为高潜力人才。

上级会通过观察你在当前职位上的表现，来判断你未来的表现。然而，即便你在当前职位上表现出十分出色的学习能力和各种优势，也依然有可能无法胜任未来的职位。

还有一个原因使得上司很难准确评估员工的潜力，那就是一个人不会处于稳定不变的状态中。接受一份新的工作要求后，你需要不断学习和改变。你会处于一个不断发展、进化的状态。如果拥有较强的学习能力，你便能拥有超乎上级预料的巨大潜力。因此，即便我们很想言之凿凿地确定一名员工是否具有潜力，但“潜力”并不是绝对的。

还有一个关键问题是你的潜力究竟更适合担任什么职位。一个潜力巨大的领导者，既有可能胜任多种领导职位，也有可能只胜任特定的领导职位，例如，研发实验室的负责人和首席执行官在不同职位上获得成功，所需的能力和专业知识各不相同。

企业通过测试、情境模拟和调查问卷等正式评估工具以及人才审核流程，不仅能够为你提供一个共通的标准，来克服评估者所持有的偏见，也能让你向领导层展示他们平时可能注意不到的能力。然而，最终还是会归结到他们对你的判断。如果上级认为你是一个高潜力人才，那就意味着上司认为你能在企业中胜任更高级别的职位。他会将你的智力水平、个性偏好、工作干劲、学习能力、管理能力以及工作态度等因素都纳入考量，从而判断你是否属于高潜力人才。

虽然你不可能在一夜之间改变智商或个性，也很难突然提高测试成绩，但你可以改变同事和上级在工作场合对你的看法。你能通过提高本书提到的5 大关键能力，来影响高潜力人才的评估流程。

努力成为高潜力人才，并继续保持下去

研究表明，一些具体事项有助于一个人成为高潜力人才。无论企业采用何种流程来评定高潜力人才，我们发现有 5 大关键能力是共通的。企业正是通过评定这 5 大关键能力，将高潜力人才和普通员工区分开来。在一个人的职业生涯中，真正的高潜力人才差异化因素，也就是本书中提出的 5 大关键能力，正是将高潜力领导者与普通员工区分开来的秘诀（见图 P-1）。在职业生涯中的第一次和第二次升职之后，这 5 大关键能力将助你进入高潜力人才库，并且让你一直保持这种状态。在评定你未来所具有的潜力时，上级会仔细观察这些能力。如果你想要在事业上获得成功，就要在整个职业生涯中不断发展这 5 大关键能力。

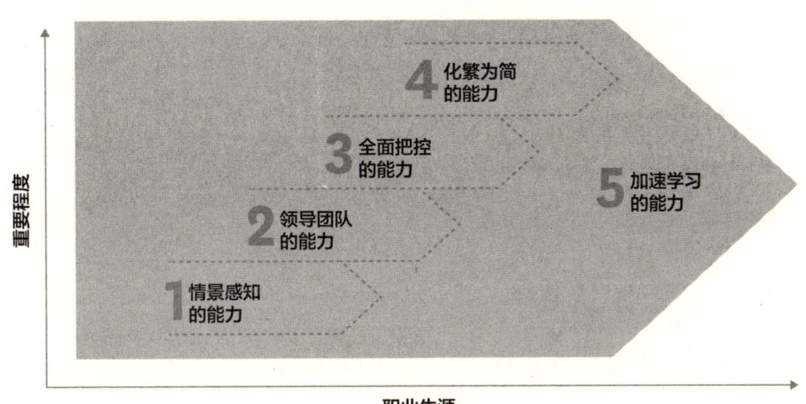

图 P-1 高潜力人才的 5 大关键能力

所谓“江山易改，本性难移”，每个人都不例外。如果你本来就不擅谋略，或者很不喜欢与人打交道，那就必须找到建立起这 5 大关键能力的方法。但是，本书讲述的 5 大关键能力通常不会出现在领导力评估表或绩效考

核表中。这 5 大关键能力是与人才评估体系中的常见工具相结合的技能表现，更具全面性。拥有它们可以让你进入所有人都梦寐以求的高潜力人才库，而且不限于你所在的企业结构、行业类型和职位层级。

最重要的一点是，只要你有心，完全可以通过努力来不断发展这 5 大关键能力。与生俱来的能力当然很重要，但如果你先天不具备这 5 大关键能力，那么只要在整个职业生涯中用心发展，也完全可以培养出来。如果你想知道自己的这 5 大关键能力水平如何，前言末尾有“5 大关键能力的自我评估”测试，可以自测一下。

想要进入高潜力人才库，5 大关键能力缺一不可。不过，随着你的职位的变化，各项能力的重要程度也会有变化。比如，前两项能力在职业生涯早期尤为重要，它们对于你能否升职起着决定性的作用。然而，随着你的职位越来越高，其他能力会越来越重要，这样你也会拥有更多机会去锻炼第 3 项和第 4 项能力。而最后一项能力则是前面 4 项能力的基础，是其他所有能力的驱动力。以下是对每项能力的简要说明。

1. 情境感知的能力。第 1 项能力是指能够快速把握上级偏好什么样的风格、更看重哪方面的能力。有了这种感知能力，你便可以分清哪些事项对于上级而言是重要的，从而应对自如。最有可能对你的潜力进行评估的人就是你的上级。倘若你无法想上级所想、急上级所急，那等于错失了进入高潜力人才库的一大良机。

2. 领导团队的能力。在整个职业生涯中，你将有机会带领多个团队，而此项能力指的就是在带领团队时评估、激励和指导团队成员的一系列综合技能。刚加入企业时，你只是一名普通员工，随后你将成为某个团队的领导者，最终还可能成为多个团队的领导者。因此，你不仅要慧眼识珠、知人善用，还得深入挖掘人才、不断栽培下属。高潜力人才之所以能够获得成功，正是因为他们能够激发团队成员的动力、善用其优势。从本质上来说，你的能力取决于你所带领的团队的能力。

3. 全面把控的能力。随着职位的晋升，你将面对更具挑战性的任务。企业就是以此来测试和培养你的潜力的。为了让你更加适应领导岗位所需的行为模式和思维方式，每项任务你都要面面俱到。在学习并掌握各种复杂的新知识体系的同时，你也在不断磨炼自己的领导能力，这也相当于企业在不断对你进行测试。你会发现拥有洞察力有多么重要。不仅如此，能够以平常心对待不确定性同样重要。除此之外，作为领导者，还要具备冷静的品质、敏锐的观察力和有风度的举止。

4. 化繁为简的能力。在职业生涯早期，如果你拥有收集大量信息、深入理解任务的能力，将会因此倍受嘉奖。随着职位不断晋升，对不同来源的信息进行整合、简化的能力则会变得更为重要。从这些信息中，你需要针对不同受众来萃取出令人信服的要义，这就是化繁为简的能力。在后面的章节中，你将了解到为什么你需要培养这项关键能力。

5. 加速学习的能力。此项能力是其他 4 项能力的基础和内在驱动力。若缺乏加速学习的能力，其他能力都是空谈。那些长期被视为高潜力人才的人即便有着优异的履历，依然会坚持学习、不断进步，他们发自内心地对众多事物保持着好奇心。正是这种学习欲望使他们得以成为世界一流的情境感知者、团队领导者、全面把控者和化繁为简者。最重要的是，他们总能将所学内化为自己的见解，然后将见解外化为实际行动，而这一切都以改变现状、取得进步为目的。他们是永远的行动派。这就是加速学习能力的精髓所在。

如何更好地把握未来

在本书中，我们采取了一种三管齐下的研究方法。我们主要研究了一个人在哪些环节上做出改变、如何改变，才能起到四两拨千斤的效果，使自己在职业生涯中更上一层楼。

首先，我们对罗布·西尔泽（Rob Silzer）和丘奇 50 多年的学术论文进行了全面深入的文献综述，其中包括学术理论、咨询、个人评估模型、内部人才管理框架，以及应用心理学和组织行为学等领域的研究。在此基础上，我们总结出“领导潜力蓝图”的框架。该框架清楚地概括了基础性因素、成长性因素和职业性因素。对于预测一个人是否属于高潜力领导者的问题，这些因素能够帮助我们对评估流程中可能出现的所有变量进行分类。

其次，我们以该框架为基准，深入研究了近年来关于高潜力人才的相关文献和 100 多家一流企业所采用的高潜力人才评估流程。同时，我们还收集了 45 家企业的高潜力人才库中关于高潜力领导者显著特征的相关资料。根据这 45 家企业的资料，我们在《哈佛商业评论》（*Harvard Business Review*）上发表了一篇颇受欢迎的文章，题为《你是否属于高潜力人才？》（*Are you a High Potential?*）。从上述研究中，我们得知了企业是如何看待和评估员工各方面能力的。例如，在企业看来，哪些能力与生俱来、后天难以培养，而哪些能力易于后天习得并掌握。我们还得知了哪些特征是各种企业中各种职位和各个级别上的高潜力人才共有的。

最后，我们采访了 100 多位来自不同企业和职能部门的高潜力人才和卓越领导者，得知了哪些能力和特质是他们晋升之路上的加速器，而哪些又是他们职业生涯中的绊脚石。此外，我们采访了 30 多位负责高潜力人才评估的资深人力资源领导者，结合 50 年来在企业内部做评估、培训和在企业外部做咨询的经验，以及在撰写论文方面同教学领域中的相关经验，对所获信息进行了深度剖析。在综合了从采访中获得的见解、领导潜力蓝图框架和外部基准测试分析之后，我们确定了高潜力人才的 5 大关键能力。

在第一部分的第 1～5 章中，我们将深入剖析 5 大关键能力的每一项能力，探讨它们是如何解锁一个人的潜力的。比方说，你会发现知名企业家埃隆·马斯克（Elon Musk）和其他高潜力领导者具有哪些共通的特质和能力。正是此类优秀品质使得他们不断发展进步，而同样的品质通常也存在于世界级运动员身上。

你将读到某位高级经理的案例。这位经理就职于一家专业服务型企业，企业上下都认为下一任首席执行官非他莫属。你会发现，他一直在坚持做一件同事们都没做的事情，从而锻炼出 5 大关键能力中的一项能力。你还将了解到某位高潜力人才如何利用企业会议获得升职机会的故事。这些例子均证实了 5 大关键能力的重要作用。

你会发现 5 大关键能力中的某些能力尤为关键。如果不具备这些能力，那么无论你的其他能力多么优秀，都难成大器。我们将讲述一位高潜力领导者的故事。企业所有员工都知道他的绩效和经历堪称完美，然而他最终未能成为首席执行官。在此之前，企业为了找出首席执行官的最佳候选人，筛选出一组高潜力领导者并对他们进行了评估测试。虽然这位经理在该测试中的得分是最高的，他看起来也具备首席执行官所需的能力，但是他有一个致命的缺陷。他缺乏一项能力，而这项能力正属于 5 大关键能力。你将通过这个故事了解到高潜力领导者会因何种原因错失良机，以及你应怎样做才能避开这些常见的职业绊脚石。

在第二部分，我们将展示在高潜力人才评估流程中游刃有余的方法。在第 6 章中，我们将带你了解上级和企业是如何对员工的潜力进行测试和评估的，例如，针对员工不同的特征和能力，他们通常会使用哪些评估工具。我们还将提供详细步骤，使你更清楚地了解整个评估流程，从而做到心中有数。

在第 7 章中，我们将带你揭开人才评审会议的神秘面纱。你将了解到高管们在召开会议时会讨论些什么，他们会如何讨论员工。我们也会讨论到公司保持内部员工最新版本档案的重要性，以及对你而言，让上级和企业非常明确地知道你的工作成绩、职业愿景有多重要。

在第 8 章中，我们将探讨为什么你需要了解不同企业文化之间的细微差别和它们所塑造的 5 大关键能力的表现方式。虽然 5 大关键能力所包含的基本行为大都是一致的，但由于企业文化各有不同，因此这些能力在不同企业中会以不同的形式表现出来。你不仅需要学会识别 5 大关键能力在企业中的表现形式，还要懂得在任何一种给定的环境中，如何以最佳方式展示自己的能力。此外，我们还将帮你识别哪些是需要避开的文化陷阱。

我们的目标很简单：不仅要将你打造成一名令人仰慕的高潜力领导者，更要使你拥有一个硕果累累的职业生涯，让你充分发挥出领导潜力。

欢迎踏上你的高潜力人才之旅。

5 大关键能力的自我评估

下面给出了关于 5 大关键能力的具体描述，你可以据此来快速测评自己的潜力。这些描述与你的情况匹配度越高，你就越有可能成为高潜力人才。

这份自我测评也将帮你了解你在高潜力人才之路上还有哪些欠缺的方面，还需重点发展哪些能力。下面就来进行自我评估吧。

情境感知的能力

- 你十分清楚上级对你的工作有哪些要求，因而你总能按时完成工作。
- 你精明敏锐，具有很强的适应性，能够轻松自如地改变工作方式来适应不同类型的上级。
- 你喜欢主动承接工作事项、自发跟进项目进展，而且总是在寻找解决企业问题的方案，并知道如何抓住机会，即便这些事情不在你的工作职责之内。

领导团队的能力

- 你专注于发掘有才华的人，无论他们身在何处，你都能发现他们；你还懂得引导和培养人才，打造出一个优秀的团队。
- 你十分关注每个团队成员的发展，同时也在不断提升自己作为团队领导者的能力。
- 对于那些没有实现预期绩效目标的人，你能果决地采取行动。

全面把控的能力

- 你热衷于积累不同的经验。每当有新的挑战和任务出现时，你都会跃跃欲试，即便接下这些任务意味着你的职业道路将走向出乎意料的方向。

- 你能积极面对新的机遇和挑战。即便你还不清楚该如何把控未来的局面，也能泰然处之。
- 当处于高压、紧张和变化的状态时，你的平静态度能对周围的人产生积极的影响，从而使你自己和其他人都沉下心来、认真思考，以最佳方式去适应变化、解决问题。

化繁为简的能力

- 你是一个“数据原住民”（data native），能对大量信息进行广泛的思考，并对信息背后的要义和模式一目了然。
- 你擅长将数据分析的结果转化为具有可操作性的提案，在信息内容和实际行动之间建立联系。
- 你能够通过吸引人的陈述来给出极具说服力的提案；同时，你还能用一种果断的态度来发言，从而说服各个层级的人接受你的提案。

加速学习的能力

- 你总是怀着一颗好奇心，喜欢了解周围世界发生的事情，喜欢思考如何应用这些信息。
- 你时常自我反省，还是个多面手，总是在寻找各种方法来提高自己作为领导者的能力、拓宽知识面。
- 对于未来你将在何处以何种方式发挥才能，你总是抱着一种乐观积极的态度。

THE HIGH POTENTIAL'S ADVANTAGE

第一部分

//

高潜力人才的关键能力

THE HIGH
POTENTIAL'S
ADVANTAGE

01

情境感知：如何与上级建立信任关系

第一项关键能力与你工作中最重要的人际关系有关，也就是你与上级之间的关系。你与其他人的关系也很重要，我们将在下一章中对这些关系进行更深入的探讨。但你与上级之间关系的重要性最为明显。尤其是在职业生涯早期，情境感知的能力比其他能力更重要。因为在这个阶段，只有你的上级了解你，会对你进行评价，并决定是否将你举荐给企业上层。在企业的高层领导决定将哪些人纳入高潜力人才库时，你需要上级的支持。因为能否被选拔为高潜力人才，关键在于是否有人支持你。

你需要将自己的潜力视为上级潜力的延伸，并且明白你的潜力常与他们的晋升和奖金挂钩。想让他们支持你，你就必须让他们相信，你能帮助他们达成目的。以特别的方式给上级留下深刻印象，这是成为高潜力人才的关键一步。

更重要的是，一旦他们信任你，他们会期待看见你不断取得进步和成功。如此一来，你就为自己创造了一个良性循环，而上级也会处处为你着想。

你的当务之急是要给上级留下这样一种印象：

- 你在当前岗位上的工作表现无可挑剔；
- 你是一个完全可信的人，并能为上级分忧解难；
- 在上级和企业眼中，你的发展空间很大。

你需要在职业生涯早期尽快掌握情境感知的能力。因为在企业内部，每个人对于什么是重要的事情，也许看法完全不一致。你需要摸索清楚，然后采取相应的行动。你需要让上级认为你已经把正确的事情完成到无可挑剔。这项能力要求你能够准确把握上级的目的、对高风险任务的要求以及下命令的风格，然后以恰当的方式迅速解决问题。你的首要任务就是理解上级，以及弄清楚到底如何才能与他们建立良好的关系。

第一任务：感知并灵活应对 4 个机会区

具备情境感知能力将给你带来两方面优势。其一，你将善于适应环境；其二，这意味着你已经拥有一项被上级认定为高潜力人才所必备的能力。在动物世界中，某些动物会通过改变身体颜色、减缓或者加快新陈代谢速度等方式来适应环境、顽强生存。**对你而言，拥有情境感知能力，意味着你能对上级的工作方式、习惯和行为模式，上级所重视的任务的优先等级做到心中有数，并做出回应。**你可能需要稍加调整或者彻底改变你所习惯的工作方式去适应上级。只有这样，才能获得成功。话虽如此，但这并不意味着我们希望你变成一个卑躬屈膝的下属或一个口是心非的人。这样的话，最终你会失去同事的尊重和自己的自尊。在后文探讨如何应对差劲或不道德的上级时，我们将深入讨论这一点。

适应不同上级将是你一直都需要面对的挑战。无论是现在还是将来，你会面对许多位上级，而他们有着不同的任务优先等级、工作方式、立场和理想抱负。上一任上级十分欣赏的工作方式，在下一任上级那里可能就行不通了，甚至还有可能适得其反。这就是为什么当你在不同上级手下工作时，你能否被选拔为高潜力人才的概率也不同。面对工作场合中各种不同的情境，你必须不断给每一位上级快速留下好印象。之前在工作中取得的成绩，无法保证你会继续受到新上级的青睐；你之前的工作方式，也有可能与新上级的工作风格不合拍。

因此，在整个职业生涯中，你都必须感知上级的需求。而且，即便你在职业生涯早期就掌握了这项能力，随着你在企业中的地位不断提升，这项能力也需要不断拓宽和升级。如果你晋升到了高管级别，还必须深入了解上级的上级以及上级的同级别同事。**能够深入了解高层领导中的关键人物、了解他们每个人的不同之处，是你成为高潜力人才的关键因素。**如果你进入了最高管理层，甚至担任首席执行官，那么你就需要与整个董事会的成员以及各种权力很大的外部利益相关者打交道。这些外部利益相关者包括投资者、监管机构、政府、工会等。你需要阅读各方议程、了解各方需求，用不同风格予以灵活应对。

首先，在本章中我们将指出一些你必须在上级面前展现出卓越绩效的关键领域。具体来说，你将有 4 个机会区来展示能力，展现出你能够站在上级的立场上思考问题，甚至能妥善处理上级某些方面的工作。我们将按重要程度从高到低一一讨论这 4 个机会区。当然，在处理这 4 个机会区中的任何任务时，你都需要全心全力为上级着想，以他们的成功作为你的首要目标。此类行为既不是越俎代庖，也不是逢迎讨好。我们将告诉你如何在每个机会区中表现自己，才能让上级认为你是一个高潜力人才。

随后，我们将讨论你应该如何适应上级对工作习惯的要求。例如，你的上级会认为某种工作风格就是“高效领导者必须具备的工作风格”。虽然此类信念未必正确，但它早已根植于上级心中，所以你很难说服他们改变想法。能够识别上级看重的工作风格，并在你自己处理任务时对其进行效仿，这将成为你成功的关键。我们将在后文深入探讨究竟应如何识别和效仿。

本章的结尾，我们将讨论如果遇到一个差劲或者不道德的上级，你应该怎么办。这种境况将严重危及你的事业前景，很可能使你无法成为企业的高潜力人才，因此，你必须准备好对策。后文中，我们会分析你可以采取何种对策。

成为高潜力人才

THE HIGH POTENTIAL'S ADVANTAGE

向上级展示能力的 4 个机会区

感知上级的需求意味着你需要做好下面 4 项事情：

- 识别哪些任务有助于上级获得成功；
- 从上级甚至是更高级别领导的角度来思考和完成每一项任务；
- 对于企业所面临的挑战，能够及时提出效果卓越的方案；
- 能够帮上级分忧解难。

让上级的“焦点任务”成为你的最主要任务

想要出类拔萃，你就必须在处理任务时对上级的期许把握得十分精准，这正是情境感知中最难也最重要的部分。你所面对的困境是，你的时间和精力有限，而工作量相当大。因此，对于手头上的各种任务，你必须分清轻重缓急，然后对时间和精力进行合理的分配。

首先，应该决定哪些任务是需要完成的非核心任务。你既要认真漂亮地完成此类任务，又不可在上面浪费过多的时间和精力。接下来，你应该判断出哪些是上级极其重视的任务。在你的工作职责范围内，大概有 2～4 类核心任务，我们称之为“焦点任务”。如果你能完美处理此类任务，便能脱颖而出。想要识别哪些任务属于焦点任务十分简单，因为你的上级及企业中的其他领导都会十分关注这些任务的进展。不仅你的上级会频繁地询问进展，而且大家在会议中会长时间地进行讨论。如果这些任务进展缓慢或者不顺利，上级会显得极不耐烦。他们还会经常表扬或者批评直接负责此类任务的员工，并且倾向于将这些任务交给他们最信得过的员工来处理。

识别焦点任务的最佳方式，就是在设定年度目标时直接询问上级。一旦获知哪些任务属于焦点任务，你就需要不断回顾此类任务的进度。由于上级经常要求你去处理其他任务，而这些新的任务可能会使你将注意力从焦点任务上移开，因此你需要经常与上级沟通，分清任务的优先等级。

你还必须清楚哪些任务可以降级处理，以便将时间和精力更多地放在焦点任务上。在对任务进行降级处理时，不妨请上级参与其中。如此一来，若日后你们因降级处理某些任务而出现问题的话，上级同样需要为此承担一部分责任。

你要将焦点任务熟记于心，并能游刃有余地加以处理，从而使上级开始相信你的能力，让上级发自内心地说：“我相信你能帮我和企业实现当下最紧迫的目标。”

你处理任务的方式在上级眼中同样占据一定的分量。例如，如果你表现出过于专横的态度，这将使你在某些企业中难以获得晋升机会。如果你行动力不足，凡事都想在达成全员共识的基础上再推进，也难以获得晋升机会。我们将在第 8 章深入讨论不同企业的工作风格和文化。

当焦点任务未能获得理想结果时，你必须坦然面对，并表明自己已经尽力了。这种态度能让上级对你没那么失望。在处理任务的整个过程中，你要确保所有决策都有上级的参与。尤其要让上级了解你所面临的挑战，并在适当的时候让上级出面解决。有些上级甚至会直接发问："有需要我帮忙的地方吗？"这是上级在问你，他能够帮你解决哪些问题或者清除哪些障碍。此类问题或障碍可能超出了你的权力范围，但又是完成焦点任务必须解决的。如果上级知道你已经竭尽所能来完成任务，并且也已经在有需要时向他寻求帮助，那么即便没有取得理想结果，他也不会对你感到失望。当你向上级寻求帮助时，请记住一定要讲究策略。

你应该如何确定哪些是核心任务，哪些是焦点任务呢？在下面的小专栏"如何识别核心任务与焦点任务"中，我们分别给出了两者的具体特征。对于今年优先级最高的任务或者最重要的业务目标，你既可以通过观察得知，也可以直接向上级询问。例如，你可以问上级，他正在为他的上级处理什么任务。许多企业都有正式的绩效管理系统，系统中非常清楚地显示了上级的主要目标。如果上级正式让你负责完成他的一部分目标——这是一种常见方式，你需要确定自己拥有相应的合理权重。

如何识别核心任务与焦点任务

核心任务：

- 属于例行任务，具有重复性或持续性；
- 支持现有流程或计划的完成；

- 包括一系列拥有完整记录的任务，其执行结果具有一致性；
- 与现有客户、顾客、供应商和其他主要利益相关者息息相关；
- 有具体形式的交付成果，如报告、文档、分析或预算等；
- 反映了标准化的持续性改进，重点在于通过循序渐进的方式做出重要改进；
- 管理一个不断发展变化的团队，同时保持现有水平的员工敬业度、生产力和人才数量；
- 实现主要目标而非预定目标，尤其是当预定目标无法反映出“延伸”目标时。

焦点任务：

- 直接关系到上级的、对他而言优先级最高的任务；
- 结果不仅是可衡量的，而且在企业中具有较高的透明度；
- 发展独特的、创新的想法或概念；
- 实施和交付新的产品、流程或计划；
- 对现有流程进行评估、改善、重新设计或彻底改造，将其提升到新的水平；
- 应对关键性的困难挑战，此类挑战与新的或现有的客户、顾客、利益相关者有关。如挖掘新的大客户、挽回关系面临破裂的现有客户、解决重大公共关系问题、应对重大危机等；
- 对企业本身进行重大整改，如合并、收购、资产剥离、重组等；
- 指导团队或企业开展重大转型，此类转型将对员工敬业度、绩效或人才结构产生重大影响；
- 对于首席执行官或高管的职业精神传承至关重要；
- 将直接影响企业的品牌或声誉，而且相关信息有较高的透明度；
- 既有较高风险，可能使企业陷入尴尬和失败之境，或遭受资金损失，也有可能会对企业获得利润、荣誉和成功产生巨大的推动作用。

从上级的角度去执行所有任务

高级经理韦德通过讲述3位直接下属的工作表现，解释了如何才能把握住成为高潜力人才的第二个机会区：

有3位经理是我的直接下属，其中一位资质平平，另外两位都很优秀。然而在这两位优秀的下属中，有一位能够以全局观去思考和行动，对企业做出了极大的贡献。而另一位表现出色的下属，不仅拥有渊博的知识，而且在运营成本控制和环境达标两方面管理得十分到位。多亏有他，我晚上才能睡得踏实。但问题在于，他的全局观十分有限。我曾将他调往更高级别的管理位置，以此来测试他的能力。他虽然学到了不少，但是整体表现乏善可陈。因此，我又将他调回了原来的位置。而我那位真正出色的下属，已成长为客户服务总监，并以打造世界一流的客户服务体系为目标努力着。他不仅打造了一支卓越的团队，还通过团队创造了乘数效应（multiplier effect）。他能通过充分的信息共享、培养员工远大的目标感、使员工获得意义感等方式，帮助员工们理解自己的工作内容在更大的系统中有何种意义和作用。能获得成功的员工，往往都会站在更高的层面上去考虑自身的责任。换言之，他们是从上级的角度去开展自己的工作。

当上级判断你是否属于高潜力人才时，会以第二个机会区作为关键性指标，也就是说，他会看你能否从他的角度出发去执行任务。那么，你究竟应该怎样做呢？

首先，理解清楚上级是如何做决定的，然后以此为依据制订你的计划。例如，假设你负责运营，而你的主要任务是确保在你的管理下，生产美味巧克力碎饼干的 5 条生产线能够平稳运作并按时交货。如果一位重要客户下的订单超过平时的预期产量，你该怎么办？行事稳妥的管理者将会重新规划生产计划，或许还会增加一些班次，以按时完成订单。在完成这笔订单之后，这位管理者大概率会将生产线恢复至原来的生产状态。

然而，高潜力人才则会认识到，该客户的大额订单可能是一个绝佳的机会。或许该客户会重复下大额订单，抑或此类大额订单意味着市场总体需求的增加。无论是哪种情况，高潜力人才都会在按时完成客户订单的前提下，重新思考整个生产过程，确定能够带来持久产能增长的区域。

高潜力人才很可能会设法去和客户沟通，收集一些必要的数据。最后，他将以此类数据为依据，向上级提出增加资源和调整生产等需求。如此一来，无疑展示了他能从更高级别的运营管理者的角度去思考问题的能力。他所思考的是企业的未来，而不仅仅是他个人的绩效目标。

当你在执行某项任务时，如何才能更好地从上级以及更高层领导者的角度去思考呢？我们在小专栏“从更高层领导者的角度去思考”中，列出了各级领导者可能会思考的问题。

此类问题通常涉及如何以更具战略性的视角来看待客户和股东，以及行业中存在的趋势、威胁和机会。你需要思考清楚，哪些问题会使企业遭受损失，哪些问题会给企业带来裨益，以及此类问题对关键利益相关者的影响。当上级给你分配了一项关键任务时，你需要从更高的层面去思考该任务的属性，并着手解决其根源问题。如果你拥有这种深层次的全局观，那么你晋升为管理要职的可能性就会高很多。反之，你会发现自己很难受到赏识。

从更高层领导者的角度去思考

如何才能锻炼出从更高层领导者的角度去思考的能力？从上级的角度来看，何谓出色表现？当你在思考如何以最佳方式处理每项任务时，不妨先想清楚以下问题。

- 此项任务将如何直接影响更高层次的业务目标，即上级的目标？如何完成此项任务，才能推进企业的战略议程或股东议程？
- 除了我自己的团队以外，还有其他哪些关键利益相关者、流程和政策会对任务结果产生影响？我如何才能在完成任务的过程中，更好地利用这些相关资源？
- 对于我的目标而言，哪些利益相关者持支持态度，哪些持中立态度，又有哪些持反对态度？我需要赢得哪些人的支持？谁能够为我去赢得其他利益相关者的支持？
- 如果整个业务部门，甚至整个企业由我来管理，那么我将做出哪些改进，使此项任务获得更好的结果？鉴于现有方法一直以来都是我们成功的基础，那么有哪些地方是我会保留或者加以完善的？
- 如果我想晋升到更高的管理级别，甚至首席执行官的级别，那么我现在需要开始培养哪些基本的领导才能？在高层领导的角色中，有哪些常用的能力是我现在尚不具备的？
- 考虑到股东的要求，或是首席执行官和直属主管的职能背景，哪种视角对于此项任务而言至关重要？

做一些令人意外的非凡之举

想要与上级建立起良好的信任关系，第三个机会区在于你要自愿做一些不在你职责范围之内的事情。

此类事情要能够显著提高企业效率或体现其核心价值。这将使企业注意到你，将你视为一个拥有独特才能或企业家精神的人，或是一名能够严格要求自己的领导者。例如，万豪国际集团全球首席运营官雷·贝内特（Ray Bennett）就讲过，在他的早期职业生涯中，他曾为当时的雇主百事公司打造了更优异的商店展示效果，从而引起了企业的注意：

> 当时我还是一名销售代表。我的任务是每天一大早去商店，填写第二天的产品订单。同事们通常会在凌晨3点半去店里，往货架上摆商品。我会在同一时间去帮他们完成这项任务。有一天，我决定特意转动一下这些瓶装或罐装饮料，使它们瓶身的色彩形成一个巨大的百事可乐广告牌。当顾客们走到饮料货架旁边时，这种展示效果给他们留下了深刻的印象。几个月之后，企业的区域经理参观了我们商店。他让我的上级把我喊过去，对我说："你将这些罐装饮料摆出了十分不错的效果，使你们商店独具一格。你是我见过第一个这样做的人。你是怎样说服同事和你一起这么做的？"我告诉他，我希望我们能够成为一支杰出的团队，而将商品陈列出优异效果正是该目标的一部分。随后，他又问我想在事业上取得何种成就。我告诉他，我想成为一名高管。他告诉我，只要我继续保持这股劲头，就一定能达成所愿。

贝内特所考虑的事情远远超出了销售代表的职责范围。通过将商品陈列出令人印象深刻的效果，他证明了自己能够深刻理解品牌推广的价值。他主动采取了能给企业带来积极影响的措施。

文尼特也是一位“超越职责要求”的模范，我们曾在一篇发表于《哈佛商业评论》的文章中写到过他。辛迪思（Synthes）是一家瑞士医疗设备制造商，文尼特就职于该企业在印度设立的分部。这家市值超过 30 亿美元的企业，主要生产和销售用于外科手术以及修复骨骼和软组织的生物医学材料。早在就职于该企业之前，文尼特就打算从事与科学相关的职业，他同样向往着改善新兴经济体国家中人们的生活质量，如他的家乡印度。他一直心怀这两个愿望，却在职业生涯中经历了一段意想不到的旅程。

大学毕业后，他选择了做会计，学习财务类的专业知识。他认为这将有益于今后在任何职业领域的发展，此举令他的同学们感到非常惊讶。他最开始在印度一家专业服务型企业任职，该企业为诸多知名客户提供审计服务。随后，他跳槽到了安达信会计师事务所，该事务所后来与安永会计师事务所合并。之后，他又跳槽到了毕马威会计师事务所设于印度古尔冈（Gurgaon）的分部。但他越来越感觉到，虽然自己一直怀着通过学习来实现大规模积极变革的愿望，但他的工作与这一愿望并不相符。因此，文尼特决定跳槽到辛迪思。

在辛迪思工作的初期，他学会了如何从上级的角度去思考问题。为了不断加强这种思考方式，文尼特在很多事情上刨根问底，有时甚至到了令人感到不适的地步。但他同样会付出大量实际行动，以此来弥补他给别人带来的不适感。没有人怀疑文尼特对企业的忠心，所有人都知道，他的目标并不是获得个人事业上的成功。作为该企业负责印度业务的经理，他制作了一本长达 150 页的纪念册，以此颂扬全体同事的贡献和他们共同的价值观。这本纪念册几乎成为辛迪思在印度开展业务的教科书，并引起了极大的轰动。整个分部在他的领导下充满了活力，甚至一些从辛迪思辞职的员工也纷纷因此回来。没有人要求他制作那本纪念册。同理，你也不要等到上级发话，才去采取一些具有变革意义的举措。

文尼特的非凡行动力正是源于他的夙愿。他还制订了一份长达 85 页的商业计划，其中包括为印度偏远地区在内的所有外科医生提供世界一流教育的愿景。辛迪思的首席执行官表示，该计划改变了整个企业对印度的看法。

文尼特好奇心十足，但目的十分单一明确，就是将所学知识转化为实际行动。当他前往美国参加辛迪思的战略会议时，他在会议结束之后多停留了几天，深入观察美国销售团队的运作方式。他提出的增长战略成功引起企业首席执行官的注意。随后，他又认识到，印度分部只要拥有更加多样化、更加强大的员工队伍，就能够执行该战略。而美国分部的销售团队中似乎就有这样一支团队，于是文尼特深入观察了该销售团队行动高效的原因。然后，他利用所学知识，为印度分部制作了一套关于销售人员必备能力的员工手册，其中还针对培训和招聘等事项做出了改进。他强调，销售人员需要拥有企业家的行为特征，他认为这一点对于企业在印度市场获得成功至关重要。

最终，他的举措使销售量大幅增长。没有上级要求文尼特研究美国销售团队，是他发自内心想要打造一个更强大的企业，这促使他采取了这一行动。在辛迪思战略会议结束之后，其他同事都立即从纽约回到印度，但文尼特没有回去，因为他拥有更宏大的目标，他想在纽约学习他人的最佳做法，然后将其应用到自己的团队中，以此来提升销售量。

你需要在工作职责之外表现出主动性，其中包括提高标准、抓住别人没有时间抓住的机会，或者解决别人尚未解决的问题。

为上级分忧解难

还有一个能使你脱颖而出的方式，那就是去主动承担上级不喜欢、不擅长处理的工作。上级都喜欢听到下属说："我如何才能为您分忧解难？"如果这个工作刚好是你擅长的，那将更加完美。因为那就是一场双赢：上级无须为该任务劳心费神，而你又能出色地完成它。此类任务可能属于上级的核心任务。通过主动承担这些任务，你能够使上级专注于焦点任务。因此，尽管其他人可能并不认为你做了很大贡献，甚至他们可能不知道你接手了这些工作，但此举能够使上级对你产生好感，更加信任你。无论感激与否，上级都会赏识你的这种举动和态度。此举并非为了讨好、巴结上级，而是因为你真心想要解决上级和企业所面临的问题和挑战。

杰姬就职于一家全球金融服务企业的银行部门。该企业委派给她一项延伸任务，并将她提拔为德国区域副总裁兼运营官。德国是该企业在欧洲的第二大业务区。她接受了此项委派任务，但她的处境不容乐观。德国那边没有人认识她，而且她对银行业务知之甚少，她之前的工作只与银行的保险业务相关。由于德国区域总裁一直希望总部能够调派一个银行业务经验丰富的人给他，德国区域的员工也已习惯于独立自主的工作模式，因此杰姬面临的最大挑战就是迅速赢得人们对她的信任。她认为，如果无法赢得团队的信任和支持，那她必定会失败。

杰姬决定优先帮助新同事。在最初的三个星期，她会见了数十名经理，并向他们坦陈自己需要在短时间内快速掌握大量知识和能力。她找出了他们一直深受困扰却没有时间去解决的问题，并致力于不断在此类问题上取得进展。虽然她简化了新账户开设流程，解决了诸如此类的问题，但上级对她依然不够信任。因此，她决定尽可能多地为上级分忧解难。她会向上级询问："您希望我在加入团队的 90 天内完成哪些耗时的任务？哪些任务是您没有时间处理，或者不喜欢处理的？”在得到答案之后，她立即着手解决此类任务。例如，上级不喜欢与人发生冲突，因为他缺乏应对冲突的能力。因此，杰姬完成了一系列极有可能产生冲突的任务，例如，重新制订计划流程、解决与决策权相关的问题等。通过这种方式，她赢得了上级的信任，在新团队的影响力也因此稳步提升。

这个例子表明，如果你能找出并完成上级不喜欢或者不擅长处理的任务，那么你就能使上级更加轻松、更加成功。**在为上级分忧时，需要有一定的技巧，切勿无意中指出上级能力上的不足。**同时，你还需要确保自己不会超负荷工作。在给定时间内，无论是一天、一周，还是一个月，每个人能处理的工作量都有一个极限。如果你从上级那里接手太多核心任务或者其他类型的任务，可能会发现自己无法完成本职工作。如果你因此无法完成自己的焦点任务或者核心任务，这会给你带来灾难性后果。包括上级在内的所有人都不会因为你的理由是帮上级分忧解难而不去计较你的失职。因此，你需要想清楚哪些任务可以接手，并且切记适可而止。

找准并适应上级的工作风格

你能否成为高潜力人才，取决于你在上述 4 个机会区中的表现。同时，你还需要把握上级的工作风格。我们在职场中观察到，有许多人尽管表现出色，却错失成为高潜力人才的机会，只因为他们没有适应上级的工作风格，甚至与其格格不入。

你会在职场中遇到许多上级，他们有着不同的工作习惯。作为一名下属，你需要学会在不同的工作习惯中提高自己的工作效率。不要指望上级来适应你的工作风格。

比如，你的现任上级可能喜欢与人合作，他可能也喜欢与你展开头脑风暴，甚至进行激烈的辩论。而你的下一任上级可能是一个不喜欢头脑风暴的人，他要求你针对每个问题都提出一个解决方案。有些上级是数据驱动型，有些上级是工作计划驱动型，还有些上级则是流程驱动型。有些上级在做决定时讲究战略性，另一些则不会。有些上级喜欢在上午工作，而另一些上级则更喜欢在下午工作。有些上级的工作方式与你截然不同，甚至会令你怀疑其工作方式的有效性，或者让你产生自我怀疑。此时，你必须忍住冲动、保持沉默，并提醒自己这种情况不会一直持续下去。同时，你需要尽力感知并适应上级的工作风格。

雷妮是一位高潜力高管，她描述了自己是如何以不同方式向两位首席执行官汇报工作的：

> 他们接受信息的方式完全不同……比如，埃米不太喜欢与人互动，因此我会将30分钟汇报工作中要讲到的内容认真梳理一下，并保持思路清晰。而当我向现任首席执行官罗布汇报工作时，则更像是聊天。他会说："我们聊天就行。不要向我汇报什么重大决定，也不要向我提交一大堆文件。"与罗布共事时，可能需要经过7次谈话才能做出决策；而通常我只需与埃米沟通一次就能做出决策。我还有过另一位上级，她对我的私人生活很感兴趣。每次向她汇报工作时，我都会先花10分钟来讲完我想要汇报的关键决定，然后我们会闲聊20分钟。她知道我孩子的名字、他们上的学校，甚至我丈夫的工作。

如何才能找准上级青睐的工作方式？如果你的上级非常随和，不妨直接邀请他去喝杯咖啡或共进午餐，然后直接讨论他偏爱的工作方式。如果你的上级并不是很随和，那么你要以一种具有建设性的、安全的提问方式去找出答案。你可以提出不同的工作上的问题。例如，向上级询问你们应该多久面谈一次，他喜欢正式的还是非正式的会面，以及他会通过哪种具体方式来衡量你的工作表现，等等。你还可以询问上级，在3个月后及年底时，他将通过怎样的定量、定性指标来衡量你在工作中取得的成绩。另外，如果你有足够的勇气，不妨再问问上级，你在2～3年内可能会在工作上取得怎样的成就。幸运的话，上级可能会告诉你："到时候你会升职。"

在新上级任职的头几个月，你要细心观察、保持倾听。具体来说，要观察上级在会议上反复讨论的主题；观察哪些指标、目标和事项的优先等级对他而言具有特殊的意义；观察哪些人能够引起他的兴趣，并问问你自己，这些人身上究竟是哪些特征吸引了上级；观察上级主持会议的方式，以及上级与其他参会人员之间在沟通时的坦率程度、对意见的互相接纳程度；观察上级的办公室，看看你能从中获知哪些信息，例如，看出来他的生活状态如何，是不是一个井井有条的人，有何种需求，是更喜欢事先做好计划还是更喜欢即兴互动；观察上级的手机是不是经常接到电话或者短信，如果是的话，这可能意味着他手头有急于处理的任务，或者他喜欢与别人保持良好的沟通状态，抑或他是一个喜欢同时处理多项任务的人；观察上级喜欢什么时候、以何种方式与人沟通。

我们采访过的一位高潜力人才曾提及，他的上级特别喜欢发短信。他说这位上级甚至比他12岁的女儿还喜欢发短信，并经常在晚上9点之后发短信给他。他很快意识到自己的上级是一个喜欢时刻关注信息的人，并且更倾向于通过短信的形式获取信息。如果你的上级给你发送文章，你要仔细阅读主题，了解文章涵盖了哪些问题，然后思考清楚上级希望你如何处理这些信息，以及他还希望你进一步思考哪些内容。高潜力人才要非常擅于倾听和观察。

即便是如着装之类很小的事情也很重要。正如另一位年轻的高潜力人才所说的："每当需要向首席执行官汇报工作时，我都会穿正装。我模仿的是她本人的着装习惯，因为我从未见过她穿非正式的服装。而我的直接上级对于着装就比较随意，与他相处时，我会穿牛仔裤之类的衣服。"还有一位高潜力人才指出："在与新上级一起工作的第一天我观察到，当我的同事针对我们正在讨论的话题随口说出一个数据时，新上级看起来有些不高兴。这位上级用质疑的语气问，'你是从哪里得到这个数据的？'同事则回答，'哦，我记得有人这么说过。'接着，新上级立马皱了皱眉。从那时起我就知道了，今后但凡我要提出与数据相关的观点，都必须保证自己事先做足了功课。如果我没有充分可靠的数据信息来源，那就最好不要随意地将数据拿出来。"

你需要特别注意观察，上级在什么时候最愿意接受别人的建议，尤其是一些负面信息。一些上级十分看重下属的反馈，也乐意与下属展开辩论，但并不喜欢在有许多人在场的情况下这么做。有些上级则希望下属随时随地告诉他们想法。有一位高管就和我们说，他知道只要首席执行官在企业的飞机上脱下鞋子，他就可以向其汇报一些比较敏感的信息了。因为他观察到在那个时候，上级处于最为放松的状态，准备好接受负面反馈或讨论棘手的问题。

乔希是一位观察力敏锐的初级高潜力人才。他透露了他是如何通过情境感知来摸清新上级的喜好的：

在我与新上级第一次会面时，我表现得非常恭顺。我会端端正正地坐好，洗耳恭听，然后对上级的工作风格做出判断。我观察人

> 的能力很强，会非常注意人们的语言动作、神态表情，例如，一个人的坐姿如何，是否经常利用手势和面部表情来传达信息。我会评估上级是否善于传达观点、是否看重事实，以及是否会固执己见。例如，我们企业的首席执行官就是一个观点成形很快但很难改变的人。一旦她做出决定，就会坚定不移地执行下去。因此，每当我需要与她沟通时，我都不会直接挑战她的观点。比如，我正在负责一款新产品的上市，她前一天与我开了一次会。我向她汇报了一份客户初始体验报告。读完之后，她给出了一个我难以认同的建议。然而，我并没有直接对她说："不，我认为有更好的解决方案。"而是委婉、慎重地回答说："是的，我们可以那么做。"但我的语调暗示着我们有更好的方案选项。

还有一种获取上级信息的方式，那就是直接询问其现在或者以前的直接下属，问问他们在与该上级一起工作时，最喜欢上级的哪些方面。或者，问问在他们看来，是什么使上级获得了成功，是他的专业知识、性格特征，还是其他能力。再或者，了解一下上级喜欢以何种方式开展工作、举行会议，以及他一般会期望得到怎样的结果。有时他们会直接告诉你答案，有时则不会。无论如何，此类信息都是值得收集的。但是，由于大概每 10 位员工中仅有一两位高潜力人才，因此，即便假定大家都是出于好意才与你分享此类信息，你仍需切记一点，那就是你与其他高潜力人才正处于激烈的竞争状态。也就是说，你需要注意那些好胜心极强的同事，他们可能会故意误导你。

如果你的上级不仅开明，而且注重员工发展，那么在与他共事一段时间后，你可以向他征求实时反馈。例如，如果你在某些会议中是主要发言人，那么你可以在会议结束后立即向上级寻求反馈。你可以直接询问："您觉得我在会议上的表现有哪些可取之处？有哪些需要改善的地方？"通常来说，你会得到具体的答案，知道上级对你的期望如何。

如果你的行动与上级特别看重的工作风格有冲突，你将很快看到负面影响。这意味着你已经触碰到上级心目中的“雷区”。有些工作风格和事项的优先等级对上级而言是必须遵守的。例如，上级可能注重每次会议都要准时开始，或要求你的评估报告不要超过一页纸。可能这一位上级看重的是你与企业分销商的关系，而另一位上级看重的则是目标的顺利达成。因此，你需要事先判断清楚目前上级心目中的“雷区”。

当你第一次触及上级的“雷区”时，上级通常不会直接告诉你，他希望这只是你的无心之过。然而，当你一而再、再而三地犯错时，上级就会开始怀疑你的能力。随后，你将会收到来自上级的负面反馈，或者你会开始发觉，上级不会再把某些任务交给你来完成，不再邀请你出席某些特定会议。此时，你已经陷入困境。

关于工作风格或者事项的优先等级，大多数上级都有 4 个及以上的“雷区”，切勿轻易碰到它们。你可以先询问上级：“我做哪些事情会让您很不高兴？在任务处理、关系维护和工作风格方面，您最看重的是什么？我应该特别注意什么？您希望我以何种方式提供数据和信息？您在做关键决定时的主要标准是什么？”

你是否触碰到了上级的“雷区”

如果你触碰到了上级工作风格的“雷区”，早期会有哪些预警信号呢？通常来说，如果上级对你失去信任，他会在给你布置任务时，规定得非常具体。他还会不断与你联系，查看事情的进展，不断纠正你所说的事情。对于你完成的任务，他也会事先审查再向上级提交。另外，当你在陈述工作时，如果上级经常打断你，那说明你的处境已经非常糟糕了。

一位上级向我们阐述了他与一名频频触犯其“雷区”的员工一起工作时的感受：

> 我的团队中有一名员工似乎很难理解我的要求……所以现在每次向他下达任务，我都会给出非常详细、具体的建议。例如，他当前的任务要求包含了8个步骤。而从这名员工和我的讨论中，我意识到他并未真正理解这些工作步骤的要求。他只完成了其中2个，却完全不理解剩余6个步骤。因此，我现在必须时刻关注他接下来的行动。如果他依然只去做其中那2个步骤，意味着我需要花更多时间跟进！能够理解我工作方式的员工通常会给我发电子邮件，写道：“你好，斯文。这是我将要在下一个计划中采取的7个步骤。”他们会一直向我汇报，以确保他们的工作方式是正确的。这一点正是这名员工需要做的。

如何判断上级的工作风格

利用以下问题来判断你需要在工作时注意选择哪些方面的风格，然后按上级的喜好行事。

- 上级更喜欢利用哪类信息做决定？在做决定之前，他想获知哪种程度的细节、哪种类型的定量或定性信息？他是喜欢单选方案，还是多选方案？他是否愿意考虑非常规的选项？

- 上级是否有足够的耐心，他做决定快不快？在做决定之前，有些上级会花上 2 个小时去仔细分析各种信息，而有些上级则只需要一页纸的报告外加 10 分钟的交谈就够了。还有一些上级喜欢提前几天阅读完简报，另一些上级则不喜欢这样做。
- 当你给出直觉性判断时，上级是什么态度？他是不是只想听取有据可查的事实和数据？
- 上级喜欢以何种方式与你及你所在团队中的其他成员互动？他是喜欢自发举办临时的会议，还是喜欢事先安排好会议？是喜欢一对一沟通，还是喜欢小组讨论？他喜欢关上门讨论，还是喜欢开着门讨论？是喜欢在你的办公室讨论，还是喜欢在他自己的办公室讨论？上级是喜欢当面沟通，还是喜欢通过电话、语音视频或者短信的方式进行沟通？
- 当你挑战上级的观点时，他是什么态度？你可以在何种场合对上级的观点提出疑问？是只有你们两个人在场的情况下才可以吗？当你想要向上级提出疑问时，哪些场合和问题是你绝对要避免的？
- 在实际工作中，你能否越级处理问题？是否每次都需要经过上级的许可，才能与他的上级讨论问题？
- 对于工作中你所担心的事情以及一些负面消息，你能够对上级坦诚相告吗？他们会认为这是你的优点还是缺点？
- 上级希望你与他保持怎样的联系密度？是无论白天黑夜，24 小时待命，还是只需要在工作时间保持联系？当你出差或者度假时，需要多久与上级沟通一次？
- 当给你打电话、发电子邮件或者短信之后，他想让你多快回复？是立即回复、2 小时之内回复，还是当天结束前或者第二天早晨回复就行？哪些问题是上级想要你尽快回复的？

- 上级是只想要知晓部分事宜，还是想要事事尽在掌握之中？比如，前一种上级很可能会对你说：“如果这个沟通事项有需要我来做决定的部分，那么给我抄送一份；如果没有，那就不用抄送给我，我相信你能处理好。”而后一种上级则可能会对你说：“所有信息都抄送我，我需要知道所有事项的进展情况。”
- 上级乐于与你互相分享私人生活吗？
- 上级希望你与他人以何种方式合作？他是希望你不顾结果如何，都要以强硬的态度执行任务，还是希望你尊重他人、灵活应对，并使所有参与执行工作的人保持团结？
- 上级对下属在工作场合的态度和着装有何要求？有哪些奇怪的行为举止是他难以容忍的？例如，在开会的时候发短信，袖口卷了起来，没有穿整套西装，穿棕色的裤子或者花纹鲜艳的裙子，嚼口香糖，在办公室里戴棒球帽，在工作时穿凉拖或人字拖，等等，要避免出现。
- 上级的职业理想和动机是什么？他如何看待团队成员？

作为下属，你有责任去适应上级的工作风格。永远不要希望上级来适应你。小专栏“如何判断上级的工作风格”中囊括了一系列在适应上级的工作风格和偏好上，你需要考虑的重要方面。因此，你要清楚自己应如何根据上级的工作风格和对于事项的优先等级来调整。

如何与难相处的上级共事

一个人在职业生涯中难免会遇到糟糕的上级。他可能对你完全不感兴趣，或者根本不想主动发现和培养人才；他也可能不擅长管理工作，抑或单纯不喜欢你。似乎你无论做什么，都无法给他留下好的印象，有时甚至更糟，你就是和上级不对付。如果你不谨慎行事的话，这位上级很可能会使你在企业中的信誉受损。

要去打动其他利益相关者

遇到此类情况，关键是要给其他利益相关者，尤其是高层领导留下深刻印象，要让他们看出你的能力水平。如果你是一位表现出色的员工，而你认为自己的直接上级很糟糕，那么通常来说，企业里其他优秀的领导者同样知道你的上级很糟糕。他们会理解你正处于较为艰难的境地，并会在适当的时机将你从糟糕的上级身边调走。因此，你需要以专业、成熟的态度来应对糟糕的上级。请记住，其他利益相关者会观察你如何处理困境，所以你要努力给他们留下好印象。在某些情况下，如果你实在无法摆脱某位糟糕的上级，不如直接重新找一份工作。以下是一些你需要记住的应对要点：

- 永远不要认为因为某人是你的上级，他就一定是对的。你有责任向他提出你的观点。在某些情况下，你甚至要直截了当地质疑上级的决定；而在另一些情况下，你可能要更加谦恭有礼，询问上级是否需要你的意见。如果上级说需要你的意见，你就大方提供，即便他看起来并不感激你；如果上级说不需要，你也要主动提供，但要注意以询问的方式而不是直白地阐述。
- 询问上级的想法、感受，了解他是否意识到自己的决策会对其他人事物产生影响。面对难相处的上级，委婉提问的方式通常要比直接告知更容易和他沟通。
- 与一些比你更善于让上级愿意倾听的人结成同盟。利用这种同盟关系来测试某些想法的可行性，或是巧妙地向上级传达某些信息，来判断他能否接受你的想法。

- 绝对不要为了让某位难相处的上级接受你、喜欢你或倾听你的意见而失了本心。

你应该如何应对糟糕的上级呢？高潜力领导者奎因向我们展示了此类境况的应对之策。奎因刚刚被提拔为所在业务部门的运营总监，纳塔莉即将成为他的新任上级。原来的运营总监是奎因的好朋友，但因为他与纳塔莉关系不佳而被降职。而且，企业的人都知道纳塔莉不好相处。在奎因开始新工作前，他打电话给纳塔莉之前的多名下属做了咨询。关于纳塔莉喜欢与员工开展工作的方式，这些人给了他很多意见。他特地与两类员工进行了深入沟通，一类是能与纳塔莉保持良好工作关系的员工，另一类是与她关系不佳的员工。通过交谈，他既学到了许多行之有效的方法，也认识到了哪些行为会给纳塔莉带来不好的印象。同时，他还发现纳塔莉的工作风格与自己的工作风格截然不同。比如，性格外向的奎因喜欢非正式的沟通形式，例如，在走廊上交谈。心血来潮时，他就会拿起电话，立马开始与人讨论起某个问题。然而，他的新上级纳塔莉非常讨厌这种心血来潮的、非正式的沟通形式。她认为这种行为打乱了她精心安排的工作计划。因此，奎因决定暂时放弃他原有的工作风格，并做到提前计划好与纳塔莉的每次会面。

他还了解到纳塔莉的分析能力很强，喜欢有数据做支撑的信息，是一个常常将“给我看数据”这句话挂在嘴边的人，不喜欢通过头脑风暴的方式或者凭直觉去做决策。因此，每当需要和她沟通某个问题时，奎因都会特地使用定量分析报告和数据向她做简要说明。奎因很少向她提供多选方案，而是只向她提供一种最佳解决方案，并以大量数据作为支撑。由于奎因模仿了纳塔莉的工作风格，几周之内，他就赢得了她的认可。

话说回来，奎因之所以在纳塔莉心目中获得了不可动摇的地位，是因为他发现了一项能给纳塔莉带来丰厚回报的焦点任务。奎因知道，对于整个运营团队而言，对生产数据、成本信息和安全绩效等信息进行分析，是一项始终处于最高优先级的任务。而奎因所在的部门在数据收集和信息沟通上做得并不到位。奎因从一些朋友和同事那里获悉，企业的高管常常抱怨说，纳塔莉带领的团队不仅上交数据很晚，而且给出的数据经常前后不一致，有时还会以 30 ～ 60 天的数据信息直接总结出年度经营成果。因此，奎因知道，团队需要以更快的速度获得更可靠的数据信息。

于是，奎因主动向纳塔莉提出，让他来解决这个问题。在获得纳塔莉的许可之后，他开始采用一项新技术，利用一个非常复杂的仪表板来分析所有原始信息。在几个月之内，他们部门就顺利应用了该项技术，并且正好赶上了当年年终需要处理年度总结信息的当口儿。就此，那年的运营数据得以在 24 小时内收集整理完毕，并且可供相关人员随时查看交流。更重要的是，这些数据不仅准确性极高，而且按照类别进行了汇编，这一点令企业的高管们感到十分惊讶。

对此，奎因说："我们采用了一个准确性极高的信息采集分析系统。而且，我没有占用纳塔莉太多的时间。最终，此举使纳塔莉和整个部门赢得了企业高层领导的赞誉。"

坚持自己的原则和本心

有时，为了适应某些上级，你可能会失了本心。请记住，不要一味地模仿上级的工作风格，最后变得毫无个人特色。要先判断出上级最欣赏哪种工作方式，然后在保持本心的前提下，尽可能去适应这种工作方式。但如果不道德的上级要求你做一些不道德之事，你要大胆拒绝。例如，他可能会要求你去做一些有损于他的上级或同事的事情，以从中获益。如果你真的做了，那你每天都将受到良心的谴责。**无论是对待工作还是同事，你都应该拥有自己愿意坚守和捍卫的工作风格和信念。**我们所说的适应上级，并不是让你去做一个阿谀奉承的人、一个唯上级马首是瞻的“应声虫”。

霍根发展调查表（Hogan Development Survey，HDS）是一种常用于评估高潜力人才性格特征的表单。该调查表将我们刚才提到的这种盲目适应上级的阻碍性特征单列了出来，称之为“恭顺”。“恭顺”描述的是一个人急于取悦他人、不愿反对主流观点，甚至不愿独立行动的行为特征。拥有这种行为特征的人在采取行动之前，总是需要上级给出大量建议，还会反复确认。他们也很不愿意表达不同意见，担心自己会因此而失去上级的青睐。

这无疑属于一种极端的情境感知行为。只有极少数上级喜欢依附型下属的恭顺行为。在大多数情况下，上级会更加重视善于独立思考和行动的下属。如果你不具备这些素质，别人会认为你缺乏主动性和深度。因此，永远不要为了讨好上级而出卖自己。永远不要失去自己的原则和本心，也不要降低自己的道德标准。

如果上级想让你做一些不道德或者搬弄是非之事，请坚决地拒绝。你可以直接问他：“我想确定一下自己没有误会您的意思。听起来您是让我去做这件事。坦白说，我对此感到很不舒服。请问我是不是误会了您的意思？这是您真正想要做的事情吗？”如果他的回答是肯定的，那么请你大胆地告诉上级，你必须拒绝他的要求，因为这么做违反了你的原则。

最后是最重要的一点：**请不要参与任何非法行为。**当上级做出错误决定时，跟他一起违法犯罪无疑是非常愚蠢的选择。这也正是许多企业实行“吹哨人计划”的原因。

相信“没有搞不定的上级”

然而有时候，你几乎不可能直接解决你与上级之间的冲突。有些上级要么很难与人相处，要么令人难以捉摸。在这种情况下，你需要做的，就是尽自己最大努力完成工作，确保每一项核心任务都完成得非常漂亮。同时，你还需不断打造你的人脉。与其他领导者共事将对你产生极大裨益。即便你的现任上级不认为你是一名高潜力人才，但如果你受到其他领导者赏识，在你脱离现任上级的领导之前，你也能渡过难关。因此，你需要获得多位领导者的赏识，确保自己能够在上级的同级领导中拥有一定的声誉。当他们请求你的帮助时，尽可能提供帮助。尽量多参与一些任务小组和特殊项目，提高你在企业中的知名度。虽然被现任上级视为高潜力人才这一点很重要，但要是上级换人了，情况无疑会发生变化。由于如今各个企业中都有非常完善的人才系统，因此，无论情况如何改变，你在企业中的过往表现才是最重要的，它将伴随你的整个职业生涯。某一位糟糕的上级对你的差评无法否定你长期以来的良好业绩，也不会让你就此被埋没。

许多长期保持高潜力状态的人指出，坚持“没有搞不定的上级”的信念，这将大有帮助。你只需要了解上级的行为方式出于什么理由。没有上级不想取得成功，因此，你的任务就在于找准方法，帮助他们取得成功。那么关键问题就变成你是否会对上级要求的这种方法感到不适。一名高潜力人才告诉我们，他曾经有一位上级，完全不懂得尊重下属。这位上级总是理所当然地从下属那里获取自己想要的结果，并且对于激励员工和发展团队毫无兴趣。该上级在与他人的日常交往中也很少会为他人着想。于是，这名高潜力人才强迫自己和所带的团队拼命工作，努力实现这位上级对客户不切实际的承诺，以此赢得了上级的好感。但这种事情他不愿意再做第二次。他告诉我们，他既无法尊敬这位上级，也不想以这种方式管理团队。所以，当他完成这位上级交给他的项目之后，他向企业要求调换一个新项目，也就是换一位新上级。最终，那位上级因违反道德规范而被解雇。

情境感知能力之所以是高潜力人才 5 大关键能力排在首位的一项，是因为此项能力旨在打造你的适应性。适应性是高潜力人才必备的重要特征。你必须快速、准确地理解每位上级，才能为日后的成功打下基础。如果你能帮助上级获得成功、收获高绩效，那么你同样也会受益。

与上级的关系固然重要，但你同样需要灵活应对工作中的其他许多关系。在下一章中，我们将探讨在成为高潜力领导者的过程中，你需要处理的另一种重要关系，即你与直接下属的关系。

THE HIGH POTENTIAL'S ADVANTAGE

高潜力人才的行动指南

1. 认识到每位上级都有各自的特点。
2. 尽你所能，努力配合上级的工作规划和习惯。
3. 将你的精力集中在有助于上级取得成功的任务上。
4. 站在上级或者更高层领导者的角度去处理所有任务。
5. 善于发现并解决企业中的新问题，要高于上级预期地展示自己的主动性。
6. 主动帮上级处理他不喜欢的事情来获得赏识。但是请注意，不要成为唯上级马首是瞻的“应声虫”，也不要以牺牲企业利益或者影响人际关系为代价来实现自己的目标。
7. 记住，你的责任是去适应上级的工作风格，永远不要认为上级有责任来适应你的工作风格。

THE HIGH POTENTIAL'S ADVANTAGE

02

领导团队：如何专注于团队发展，激发潜力

上级固然重要，但只有你的团队才能决定你交出什么样的工作成果，能否不负上级所望。因此，对于你的下属，你必须思考清楚，该招聘和解雇哪些人，该晋升和培养哪些人。你必须像对待自己的潜力那般深度挖掘团队成员的潜力。这便是高潜力人才 5 大关键能力中的第 2 项——领导团队能力的核心。

曾与我们共事过的埃里克就是一名成功的高潜力人才。他在经历了惨痛的教训之后，才认识到领导团队做出改善的重要性。早些时候，埃里克所在的企业有一款产品销量严重下降，于是上级要求他想办法扭转这一局面。在接手任务的最初几个月中，他花了大量时间去听取主要客户的意见，随后又重新设计了产品线，调整了营销策略。忙了 6 个月之后，他开始查看成果。就在那一刻，他意识到自己犯了一个巨大的错误：

> 我完成了 90% 的计划……然而结果是白忙活一场。我永远也不会忘记那一天……那天晚上 6 点 30 分，我坐在办公桌前，心想这也太离谱了……无论做什么都没用。问题到底出在哪儿？我完全忽略了团队能力的重要性。我将全部注意力放在了听取客户意见和改善产品上面，以至于没有认识到我们团队的员工并不适合处理现在的任务。严格来讲，他们都不具备销售复杂程度较高的产品并提供售后服务的能力水平。而且，对于团队正在尝试做出的改善，他们之中没有任何人将心思放在上面，而是一心只想等着下一次升职。

这件事带给我一个深刻的教训，那就是首先要关注团队的能力……只有以此为基础，你才能进一步采取其他措施。最终，我更换了整个团队的成员。我通过这件事情才认识到，一位真正的高潜力领导者会在任务之初最先判断以下问题：成员中哪些人能真正做到与团队携手共进？我需要给哪些人发展机会？哪些人更适合待在其他岗位上？自那时起，在每一项领导工作中，我都会首先评估团队成员和所在地区的文化，然后再进一步制订行动计划、实施改善方案以完成绩效目标。

人才乘数效应，你的团队是你的左膀右臂

对于领导者而言，在开始新的任务之前，要先对团队的成员和文化进行评估，这是极其关键的。然而，我们观察到许多经理和高管都没能领悟其重要性。

如果你像其他满怀抱负的高潜力人才一样能获得企业的赏识，那么大概率是因为你是团队中表现最出色的人，无论你是最佳财务人员、最佳销售人员，还是最佳工程师。你能够脱颖而出，是因为你不仅拥有强大的驱动力、出色的思维能力，而且尽职尽责、业绩出色。换言之，你的成功是基于个人的努力。

当你刚开始担任领导职务时，你很可能会采取同样的态度，要求团队成员努力工作，设定一些极具挑战性的目标，并且你会以强烈的行动导向带领团队。你会用实际行动来保证团队完成目标，甚至超越预期。如果团队中有人掉链子，你会出面干涉，甚至亲自完成这部分工作。结果，得以晋升的是

你个人，而非你的团队。一小部分具有独特才能的领导者依然在强化这样一种观念，即个体能凭一己之力取得成功。

但现实并非如此。从长期来看，这种“英雄式领导”并不能使个人在职业生涯中取得成功。当你在领导岗位上拥有一定资历以后，企业所看重的不再是你个人的能力。从那时起，你将受到人才乘数效应的影响。你的表现将取决于下属所具备的才能和驱动力。他们决定了你的表现结果是成倍扩大，还是成倍减小。如果你无法挖掘直接下属的潜力，那么也将无法发挥出自己的潜力。这时，不妨站在上级的角度试想一下，如果你的下属是一些不善于选择、提拔人才的领导者，这种状况对你肯定不利。

正如我们在前言中所强调的，在职业生涯早期熟练掌握领导团队的能力至关重要。首先，早期能够有大量时间进行尝试和学习。一旦你成了高管，能用于试验和学习的时间则要少得多。而且，早期犯错带来的后果更少、程度更轻，危及信誉的风险也就更低。其次，在职业生涯早期，人们更有可能给你提供反馈，对你进行指导。最后，你可以趁早发现无效的工作方式，以免养成根深蒂固的习惯。关于如何发现、发展、挽留和领导人才，你需要先悉心听取别人的意见之后再采取行动。如果没有收到别人给你的反馈，不妨主动询问。

显然，你的团队对于你能否获得成功至关重要。毕竟，你无法仅凭一己之力完成职责范围之内的所有任务。你需要集思广益，与整个团队合作。高潜力领导者极其善于分配任务、协同合作。他们知道应该将哪些任务交给谁去完成，以及如何使每个人对自己的任务负责。但是，你之所以需要人才乘数效应，更重要的原因在于你无法做到全能。

此言何意？事实上，我们与无数经理和高管合作过，却从未见过一位全能的领导者，因为全能型领导者根本就不存在。在职业生涯中，我们无意间参与了成千上万次领导力评估。没有人能够熟练掌握其企业领导框架中所要求的全部能力。和你一样，所有高潜力领导者在专长、知识和能力方面都存在缺陷和不足。不仅如此，许多高潜力领导者还有一些会降低其工作效率的个人习惯。他们都有不喜欢接手的任务，并且在处理这些任务时也会拖延。在担任初级领导职务时，这些缺点都不那么明显，危及职业生涯的可能性也很小。然而，当你成为企业的中层领导时，这些缺点将成为职业发展中的严重障碍。

无论你处于职业生涯的哪个阶段，对于弥补知识、能力和信息的不足而言，你的团队始终都是你的左膀右臂。对于每项任务，你都需要判断清楚有哪些方面需要借他人之力来完成。

例如，我们采访过的一位高潜力领导者就曾坦陈自己的一项性格缺陷，他每次带领团队都会格外注意这项缺陷：

> 我的缺点在于不善于从情感的层面出发，而只会用非常理性化的方式带领团队。由于我的分析能力很强，所以我总是习惯与别人就信息数据方面进行沟通。然而，在带领规模更大的团队时我才发现，只有从情感层面出发，才能激励更多人。但是，我天生就不擅长与他人建立情感上的联系。因此，如今我正在与负责人力资源管理的领导者合作，他们为我提供了极大的帮助。他们不仅会针对我在企业职工大会上的发言给出指导性建议，还会提醒我单独给某些员工写一些便笺。10 年前，我无意中发现有一名下属非常怕我。这使我意识到，我需要一位高情商导师就如何带领团队对我进行指导。正好当时我有一名直接下属非常善于处理人际关系。她指出了我的缺点，并就如何更好地从情感层面带领团队给了我很多指导。

你需要认清自己真正擅长什么、不擅长什么。不妨先思考一下，在过去的工作经历中，你最成功的项目、表现不佳的项目，甚至失败的项目分别有哪些。在这些截然不同的表现中，你的性格特征和知识能力发挥了什么样的作用？将答案写下来。再思考一下，上述哪些方面会对你日后的职业发展有所帮助？对于未来几年你可能需要接手的任务而言，如今你的哪些不足会造成困扰？也把这些写下来。现在将以上答案进行比较，分析清楚哪些性格特征、能力和思考方法是需要你进行平衡的。当你思考如何利用团队成员的优势来弥补自己的劣势时，不妨利用这张表作为切入点。你对自己的优点和缺点了解得越深，就越有可能组建一支优秀的团队，也越有可能发挥出团队优势。

上级会如何评估你领导团队的能力

当上级要评估你领导团队的能力时，他会着眼于你是如何取得出色表现的，而非仅仅是表现本身。这与传统的绩效评估方式有着巨大差异。小专栏“上级在评估你领导团队的能力时会提出的问题”中，列出了上级通常会考虑的方面。

如果你所在的企业注重人际关系，那么上级通常会格外看重你在与团队互动时的表现。此类企业文化看重的是你花了多少时间去关注下属的工作，是否让他们在高层领导面前有所表现，是否给他们提供了发展机会。企业不仅希望你能够积极发展团队中最优秀的下属，还希望你能在能力欠佳的员工遇到问题时及时帮忙解决。上级会观察你到底是一个将团队成果据为己有的人，还是一个能够与团队成员共享成果的人。上级还会考察你与直接下属之间的信任程度，也会观察当你的下属告诉你棘手问题或者坏消息时，他们会不会感到不安。你的上级还会观察你在公开场合如何谈论团队成员。一些企业甚至会仔细查看员工敬业度调查结果，并以此作为判断你是否具有领导潜力的重要指标。在某些企业文化中，即便你拥有出色的表现，但如果未能展示出此类团队领导能力，企业很可能依然不会将你视为高潜力人才。接下来的例子中，这位杰出的年轻工程师就未能意识到这种能力的必要性。

上级在评估你领导团队的能力时会提出的问题

- 在评估团队成员的才能上，你能做到何种程度？你对每个人的优势、发展领域、潜在的缺点和问题，以及他们在工作上能以什么方式弥补你的不足，都有深入的了解吗？
- 你能否与团队成员建立起信任关系？向你汇报坏消息时，他们会惴惴不安吗？他们会无所顾忌地与你分享他们的想法和解决方案吗？他们敢于与你展开辩论吗？他们会向你坦陈他们的发展需求吗？
- 你能在多大程度上激励团队成员？他们是否乐于为你效力？你是否会采取一系列不同的激励手段，是否会针对不同的团队成员采用量身定制的激励方式？
- 你是否会与团队成员共享成果？是否会对他们取得的成就给予认可？
- 在带领团队时，你能否合理规划成员角色、妥善分配任务、最大程度地利用团队成员的知识和优势？能否解决冲突，使整个团队协同合作？能否明确任务的优先等级和目标，设立合理的奖惩赏罚制度，并使团队成员为其应完成的任务负责？
- 你能否快速识别出表现欠佳的成员并将其替换掉？你能否通

过给予指导和重新分配任务、角色，帮助一些表现欠佳的成员做得更好？

- 你是否知道如何挖掘团队中优秀成员的潜力，是否会为其提供指导和反馈，邀其参与特殊项目，给予其在高管面前的表现机会以及与重要利益相关者共事的机会？
- 你是否善于给予指导性建议？团队成员是否认为你是他们的导师？
- 你是否在为自己的岗位培养继任者？
- 面对曾经的同事或者朋友，你能否在领导他们时公事公办，要求其为自己应该完成的任务负责？
- 作为团队的领导者，团队成员是否打心眼里尊敬你？
- 你是否会以平等的方式对待所有成员？换言之，你是否会刻意避免显示出对某些成员的偏爱？
- 当要分配团队成员到新项目上时，你是否会考虑如何安排才能使整个团队发挥出优势，并使每位成员都能贡献出自己的力量？
- 曾经为你工作过的团队成员是否愿意再次为你效力？
- 你是否会密切关注你曾经培养过的人才？如果他们如今为他人效力，你是否仍愿意提携他们？

丹才华横溢，但有些粗鲁无礼。对于那些表现不佳的下属，他经常出言不逊。时间一久，这些难听的话甚至成了企业员工们茶余饭后的谈资。他一贯坚持高标准，在工作上要求极其严苛，而且控制欲很强。不过他的业绩确实非常不错。凭借出色的业绩，他依然得以晋升为企业的中层管理人员。虽然每位上级都劝他改掉这样的行事风格，但他丝毫不以为意。然而，当他需要管理不同的工程师团队时，他的缺点就变得过于明显了。

在查看整个工程部的员工敬业度调查结果时，部门主管发现，每当丹接管某个团队，该团队的员工敬业度就会大幅下降。在丹晋升后不久，他的两名直接下属就递交了辞职报告，并指出丹丝毫不懂得尊重他人，才导致他们不得不选择离开。于是，工程部门主管认为，这种缺乏领导能力的人不适合继续待在领导岗位。这位原本前途光明的工程师，正是由于缺乏挖掘人才和情境感知的能力，才无法在晋升之路上继续前进。

领导团队的 5 大核心技巧

那么，你应该如何培养领导团队的能力？以下是你需要熟练掌握的 5 大核心技巧：

- 精准把握团队成员的才能；
- 提升指导技能，学会分配任务；
- 直面 C 级员工；
- 寻找最优秀的人才；
- 成为一名发展导向型领导者。

实践证明，如果无法掌握上述 5 大核心技巧，尤其是第 5 项，那么你将很难持续待在高潜力人才库中。下面，让我们分别探讨一下这 5 大技巧。

精准把握团队成员的才能

你所管理的团队中，每个成员都拥有不同的能力和驱动力。每当你接管一支新的团队，你都要通过自己的观察，去深入了解每个成员的能力，尤其是他们各自的优势和发展需求，以及他们的职业目标和驱动力。你需要在短时间内区分出哪些是表现出色的成员，哪些是由于没有待在合适的岗位上才表现欠佳的成员，而哪些是能力不足、不适合继续待在团队里的成员。面对不断出现的挑战和机遇，你还必须清楚判断团队中缺乏何种类型的人才。这种人才缺口既有可能出现在现有工作中，例如，某个项目因团队成员能力不足而失败；也有可能出现在未来工作中，例如，团队因无人具备某些特定知识和能力而无法接手某项目。经过全面的人才评估，便可以确定你是否拥有合适的人才，能否组建一支有效的团队。实际上，整个人才评估过程可能需要几个月的时间才能完成。

你需要先从多个维度来考查每个成员，其中不仅包含成员的实用技能，还包含他们的个人能力，如协作能力、网络导向能力、战略分析能力、系统思维能力和领导能力等。摸清这些方面是成功实现团队目标的保障。假设你是一名总经理，需要在所在的地区推广一组新的产品。那么，你需要确保在运营、供应链、销售和营销等各个环节都有合适的人选。而且他们还要有与研发、人力资源及财务部门紧密合作的经验。由于新产品的推广需要各个职能部门之间开展积极联动，因此你需要善于协作和拥有跨职能领导经验的成员。如果你要制订新的营销计划，那么需要确保营销团队中既有能够提供创意的成员，又有能够实际执行的成员。总而言之，你需要一支什么样的队伍，完全取决于业务需求和目标。

你需要考虑的第一个关键因素，当然是直接下属当前的表现。然而，许多高管过于重视这一因素。为了避免过于关注团队成员当前的绩效表现，你可以考察他们在过去 3 年中的整体表现，这将对你更有帮助。你需要观察他们的绩效表现是趋于一致，还是缺乏稳定性。不妨再观察一下团队成员的职业发展轨迹。你要尽量以不同方式获取团队成员的信息，如 360 度评估、绩效评估、质量管理工具，以及我们将在第 6 章中讨论的其他测试或评估表。

如果下属的前任上级善于管理团队和挖掘人才的话，那么他们可以给你提供丰富的信息。你的同事也许与你的直接下属有过共事经验，你同样可以从他们的评价中做出推断。此外，你可能还有一位能力超强的人力资源业务合作伙伴，他可能对你的团队成员之前的工作表现了如指掌。切记，你的观察能力至关重要。你要仔细观察下属在与你、与其他团队成员、与他们的直接下属、与高层领导接触时的表现。

此外，你还需要与团队中的每个成员单独谈话，询问他们的职业理想，找出能够激发他们努力工作的因素，并将观察结果以书面形式记录下来。你需要深入考查下列问题：他们在职业生涯中想获得什么？他们想拥有的下一份工作是什么？他们面临哪些关键挑战？在面对挑战时，他们做了些什么？他们学习和内化了哪些知识和能力，并将其应用为解决方案？目前看来，他们每个人真正擅长什么，不擅长什么？在何种情况下，他们很难获得出色表现？他们的人际交往能力如何？他们还需要获得哪些方面的协助，才能成长为更出色的员工？什么类型的任务和指导对他们来说最有帮助？

在接管一支新团队的最初几个月内，你需要掌握上述信息，并且可以使用简单的框架将团队成员分成 3 个级别：最具潜力的成员（A 级员工）、表现优秀且稳定的成员（B 级员工），以及表现欠佳的成员（C 级员工）。在实际工作中，很少有企业会使用 A 级、B 级和 C 级的标准来给员工分级，它们通常使用的是高潜力人才、未来领导者、表现稳定的员工、值得信赖的专业人员、核心参与者、成长型员工等表述方式。但是，这种三级分类法最简单。

A 级员工不仅能够出色地完成本职工作，而且表现出极大的主动性，他们能够承担更多的责任。从本质上讲，他们正是你的高潜力人才。你既需要挖掘他们的潜力、加速其发展，还需要尽一切努力将他们留在团队中。整个团队有 10% ～ 15% 的员工属于此级别。

B 级员工是团队的杰出贡献者，整个团队有 80% ～ 90% 的员工属于此级别。他们能够以负责任的态度完成本职工作。正如一位受访者所说，当你知道某些事项是由这些 B 级员工负责时，就能在晚上安然入睡。但由于他们在团队中占比最大，每个人展示出的主动性参差不齐，因此表现的波动性也最大。而且，部分成员似乎能力有限，无法承担更重要的责任。因此，一些企业会将 B 级员工进一步细分成不同的子类别。不过，B 级员工拥有你和企业所需要的深厚的专业知识和能力。

接管团队之后，你必须尽快直面 C 级员工。稍后，我们将探讨究竟如何去做。

做出以上分级之后，你就能为整个团队建立更有针对性的人才管理或人员配备计划。由此，你将能够确定在什么时候、哪些任务中，尽量增加 A 级员工、减少C级员工，以及如何才能以最佳方式将B级员工分配到任务中去。

提升指导技能，学会分配任务

指导能力是高潜力领导者的必备能力。幸运的话，你可能已经从一些出色的上级那里学会了如何指导下属。然而，大多数领导者的指导能力都有待提高。如果你也是其中之一，那么你在日常工作中，就要找机会锻炼这项能力。

调研中，我们遇到了一位非常重视指导下属的上级。她指导下属的方法十分有效，值得借鉴。这位上级会将她所面临的实际问题作为案例抛给直接下属，这些问题可能包括团队成员之间的冲突、本部门与其他部门沟通上出现的僵局等。她会询问直接下属会如何处理。随后，她会讲述一遍自己的处理方式，并与下属分享感悟。

通过这种方式，她实则是在针对下属将会遇到的常见问题做指导。当然，还有其他有用的指导方式，例如，在重要会议之后要求下属进行例行汇报。作为上级，你可以借此机会，表扬下属在会议中的出色表现，并针对这些表现将会带来的影响分享你的看法。如果下属表现得一般，你可以给出具体的改进建议，并与他们共同探讨如何落实此类建议。

在很多情况下，对下属的指导工作可能意味着你要从精通的事项中抽身出去，让你的团队成员来接手，以此帮助他们发展相同的能力。一位高潜力领导者向我们讲述了某次她带领销售团队去纳什维尔（Nashville）拜访客户的经历。正当她在向客户阐述团队将如何为其提供支持时，她突然意识到，销售团队的 4 位成员只是默默地坐在那里，而她正在处理原本属于他们的任务。于是，她立马将后续讨论转交给了他们。随后，他们不仅顺利接手了该任务，还从客户那里谈妥了更多的业务。因此，你不妨问问自己："我正在处理的哪些事项可以交由团队成员来接手，帮助他们获得更好的发展？"

善于指导人才的上级还有一个重要特征，就是他们倾向于对下属进行短时间的指导，而很少采用正式上课般的方式。此类上级经常会利用几分钟的时间给予下属即时反馈并分享见解。这种保持每天向直接下属提供实时反馈和指导的思维方式，对于你能否获得成功至关重要。当看到团队成员表现出色时，你要立刻予以表扬。相反，如果他们在某件事上还有改进的余地，你就要尽快在私下里给他们建议。

高潜力领导者马克斯与我们分享了他是如何指导一位最有潜力的A级员工的：

> 我接管的团队中有一个名叫亚历克斯的人。很多人告诉我，亚历克斯做事很冲动。但我刚接管队伍不久，对他并不了解。随后，我发现他不仅自驱力很强，而且积极性简直出乎我的预料。但由于他总是直言不讳，所以名声并不太好。因此，我决定向他提供实时反馈，以此来帮助他。当他在工作上遇到其他同事不配合的情况时，他会感到十分懊恼。然后，他会来办公室找我说："我要去找他的高级主管，就说他这个人一点也不懂得配合。"此时，我会告诉他，这种方法是行不通的。然后我们会一块找出一种更合适的方法。如今，每当他发现自己产生了懊恼情绪、想要发泄时，就会来我办公室找我商量。他会向我做一个简单的汇报，然后我们一起找方法解决。

马克斯与亚历克斯成功建立了发展型伙伴关系。亚历克斯知道，马克斯希望他能获得成功，尤其希望他的人际交往能力能够有所提升。因此，每当他感觉自己快要做出可能会后悔的决定时，就会立即去找马克斯。长期下来，亚历克斯的人际交往能力得以不断提升，而此项能力正是高潜力人才必备的关键能力之一。

除了给予指导外，分配任务同样是领导团队的关键。如果你想培养下属的领导能力，不妨令其负责带领一个任务小组。如果你想培养下属与其他职能部门的沟通能力，不妨在某个跨部门项目中令其担任本部门的联络员。如果你想锻炼下属的陈述能力，不妨多给予其陈述的机会。如果你想培养下属的高管气质，不妨让他们去观察、学习你所敬仰的高管。在上述情况中，你需要先了解清楚，下属在接受任务前需要怎样的指导和帮助。毕竟他们将要处理的任务需要一些他们尚未掌握的能力。切记不要让下属打无准备之仗。

直面 C 级员工

一旦你确定团队中的 C 级员工是哪些人，就要尽快处理。首先，你需要判断他们为什么表现欠佳。多数情况下，C 级员工可以分为 3 种类型。不同类型的 C 级员工表现较差的原因是不同的。

C 级员工的 3 种类型

C 级员工是指那些能力与职位级别不匹配的人。他们可能缺乏驱动力，经常为自己的缺点找借口，将自己未能完成绩效目标的原因归咎于他人或者其他外在因素。

你必须给他们分配特定任务来测试他们的能力，而此类任务需要在短期内就能取得可衡量的结果。你要给出非常具体的期限和衡量指标，以此来衡量 C 级员工的工作进度。任务开始之前，先向 C 级员工问清楚："你需要哪些资源和指导才能实现任务目标？"然后按他们的要求提供相应支持。如果他们仍无法按时按要求完成任务，那么无疑表明他们能力有限、驱动力不足。正如万豪国际集团全球首席运营官雷·贝内特所说的：

> 作为上级，当你要布置任务时，提供清晰、明确的期望目标至关重要。你要向下属具体阐明何谓"表现优异"、何谓"表现欠佳"。如此一来，他们就能理解两者的区别。既要让下属知道表现优异会有哪些奖赏，也要让他们清楚表现欠佳将带来哪些负面后果。在下属开展任务之前，你要向他们提供相应的培训和指导，这一点非常重要。你甚至有可能需要重新培训他们，帮助他们更好地处理不同情境中的任务。像我自己的话，还会关注下属的个人情况，看看是不是发生了一些会影响他们工作表现的事情。定期更新

员工的绩效表现至关重要，并且要确保每次关于绩效表现的讨论都记录在案。如果有下属在你提供了指导和反馈，并进行了足够的沟通之后，依然无法达标，那么你就必须狠下心来做决定。此外，让所有人都知道你不会给自己最为赏识的下属特殊优待，这一点也很重要。这样一来，团队中的表现欠佳者就不会认为你厚此薄彼。我通常会在公开场合向我最为赏识的下属指出他们需要改进的地方。如此一来，所有同事可以看到，我对团队中的每个人都一视同仁。

第一类C级员工表现欠佳并不是由于能力不足，而是因为职责要求与他们的实际能力严重不匹配。在这种情况下，你就要评估他们能否通过学习来掌握目前岗位所需的技能，或者干脆将他们调到与其能力更加匹配的岗位上去。你不妨与他们深入沟通一下，询问他们如何能够激发他们努力工作，有哪些方面是他们想要改变或者保持的及其理由。当你刚刚接手一支团队时，还可以询问手下的C级员工，如果他们是上级的话，将会如何重组整支团队、如何调整自己的工作。如果条件允许，他们最想负责哪方面的工作，又觉得自己哪方面的能力最为欠缺。此类问题的答案，能帮你确定C级员工表现欠佳到底是因为岗位要求与实际能力不匹配，还是因为他们确实能力有限。

第二类C级员工之所以表现欠佳，是因为他们无法适应上级的工作风格。我们曾认识一位行事随意、性格外向的上级，他有一名行事保守、性格内敛的下属，两个人的工作风格形成了鲜明的对比。这位上级希望下属能利用下班时间多与客户社交，而不是只在工作日与客户开正式会议。随后他突然意识到，他和这名下属对关系销售的概念有着截然不同的认识。而他从来没有明说过自己希望这名下属尽量在何种场合、以何种方式来维系和发展客户关系。于是，他们展开了一次深入的交谈，他的下属从中得到了许多启示和指导。自此，绩效问题迎刃而解。这个案例告诉我们，有时候，作为上级，你可能需要从旁观者的角度观察自己是不是在某些方面导致下属表现欠佳。

第三类C级员工不仅能够完成任务目标，而且通常表现出色，然而他们的成就往往以牺牲与其他队友、与其他部门同事之间的关系为代价。他们可能口无遮拦、控制欲过强、自私自利或者傲慢无礼。对于接受培训和指导，他们可能毫无兴趣。其中许多人也许还喜欢用强硬的方式来完成任务。你要给予他们切实的反馈，将他们的行为与你所观察到的负面影响联系起来。对于这些行为将会给他们的职业生涯带来什么样的后果，你也必须坦诚相告。另外，你还要把丑话说在前头，告诉他们如果再不管束自己的行为，将面临被解雇或者晋升无望的后果。

对C级员工应该采取何种措施

无论是对哪种类型的C级员工，你都要尽快处理，切勿拖延。否则，他们将使你在多个层面上付出代价。首先，团队的其他成员会质疑你的可靠度，他们的脑海中可能会冒出如下问题。“这名成员的水平这么低，人际交往能力这么差，微观管理能力也不行，为什么上级依然可以容忍他？”“这名成员窃取了我的劳动成果，毫无主动性，还时常干扰我的工作，上级难道看不出来这样已经极大地打击了我的积极性吗？”“为什么这个人毫无建树，却还要在这里阻碍别人的发展机会？”

在工作上，向来都是一个萝卜一个坑。每名C级员工占据了一个岗位，就意味着，他们的存在会阻碍团队中的高潜力人才的进步和发展。此外，C级员工也无法成为好的榜样或者指导者。麦肯锡在一次人才研究中对数千名高管开展了一项调查。有80%的受访者表示，在一名不善管理的上级手下工作会阻碍他们的学习和发展，使他们无法为企业做出更大贡献，并且会让他们想跳槽。

在面对这些C级员工时，你会遇到什么障碍呢？实际上，最大的障碍来自情感层面。C级员工可能是你之前的同事，甚至是你的朋友。他们还有可能是在企业中待了很久的忠实员工，或许只剩一年半就要退休了。某名C级员工也有可能是部门的前任负责人，整个部门更是由他一手创建的。面对熟识的人，或者令我们感到有义务放宽要求、区别对待的人，大多数人都很难狠下心来给予纪律处分，或者直接开除。对他们做出这样的行为会令我们感到痛苦，因此我们宁愿选择拖延。当然，或许你还会担心可能引发诉讼；或者仅仅是想到需要收拾他们留下来的烂摊子，你就会感到恼火。通过麦肯锡的研究得知，在接受调查的数千名高管中，只有19%的人认为企业迅速有效地淘汰了业绩不佳的人。没有任何一名高潜力领导者认为自己在处理C级员工的行动上有些草率。大部分领导者都承认，自己后悔给了这些C级员工太多机会。

作为领导者，如何才能尽快识别出团队中的C级员工？首先，此类队员有一些非常明显的迹象，例如处理任务的准备不足，经常无法按时完成任务，无法按要求严格跟进任务的进展。他们也许只能完成任务的40%～50%；常常会在无法按时完成任务时，将原因归咎于他人或外部因素；甚至可能会埋怨你没有给他们足够详细的指示和要求。其次，你的同事或许会向你抱怨团队中的某名成员实在缺乏人际交往能力。当你观察到此种情形一而再、再而三地在某名成员身上出现时，那么这名成员极有可能就是C级员工。

你需要锻炼自己直面C级员工的能力，既不要拖延，也不要交给别人来处理。你需要事先获得一些人的支持，如上级、人力资源业务人员、正在与这些C级员工合作的同事，并在绩效评估中做到公正透明、以诚相待。如果你担心自己缺乏直面C级员工的相关能力，可以向人力资源部门寻求帮助。你还必须与人力资源部门核实清楚，确保自己有足够的证据并以规范的流程来解雇这类员工。**能够有勇气解决最棘手的问题，并以富有同情心的态度将事情处理好，这是你作为高潜力人才的最佳佐证。**

不要试图将你团队中的C级员工转移到其他团队中去，尤其是在这些员工根本不适合继续待在整个企业中的前提下。我们将这种做法称为“转移问题”，它将严重损害你的声誉。接下来要讲到的一位高潜力人才，我们在前文中也提到过，在此作为反面案例与各位分享。

某企业对一组高管进行了评估，旨在选拔未来的首席执行官。在评估过程中，那名得分最高者之所以与首席执行官的职位失之交臂，是因为他曾经“转移问题”。他曾招聘了一名看似能力出众的员工。然而在这名员工入职后不久，他便发现这名员工的实际能力没那么好，根本无法适应其岗位。但是，由于这位高潜力人才不愿与人发生冲突，因此他并没有直面这名表现欠佳的下属，与其制订绩效计划，而是告诉他的同事这名下属的能力相当不错。这位高管甚至在对这名下属的绩效评估中给予了高度评价，因为他不希望这名下属在收到差评后来找他对质。随后，他说服一位同事将此人收入麾下。但没过多久，他的同事就意识到这名员工能力不足。很快，这个“转移问题”的事件就在企业里传开了。虽然这位高管的确心地善良，不愿毁了下属的前途，而且他也是真心实意地认为这名下属或许换到其他岗位会更合适，但是他的同事们却认为他阴险狡猾。结果，这位高潜力人才不仅在选拔首席执行官时惨遭淘汰，后来还被企业解聘了。

这个案例无疑说明了一点，那就是作为上级，你应该尽早处理团队中的C级员工，不断为其提供培训和指导，给予他们改善绩效表现的机会。如果一段时间之后，他们仍旧无法完成任务，请果断解雇他们。

寻找最优秀的人才

你可能会认为，比起判断出团队中的人才分别属于什么类型，寻找新的人才来代替 C 级员工或者弥补其他职位空缺要更加容易。然而，事实并非如此。当你接管一支新的团队时，无论其中的人才状况如何，你都需要通过招纳新的人才来进一步提升团队的整体职能水平。而寻找人才的最佳方式，是先从企业内部开始找。

从企业内部寻找人才的方式有很多种，具体取决于企业的复杂程度和规模。比如，你可以与同事以闲聊的方式讨论团队中的职位空缺，或在员工大会上讨论相关事宜，抑或是通过企业正式的线上公开招聘流程，将空缺的职位以类似于“招聘广告”的方式一一列出，然后系统会将员工上传的个人简历与空缺职位进行匹配。

线上公开招聘系统通常也是人才搜索系统，它能发挥很大的作用。如果使用得当，你能通过该系统搜寻到各类人才。如果企业规模较小，那么这个系统可能作用不大；但如果是大型跨国企业，该系统将发挥出巨大作用。

假设你需要一名熟悉电磁场领域专业知识的程序员，但是你所在地区的员工似乎都无法满足要求。于是，你在企业内部系统中进行线上搜索，发现其中有 150 名符合上述要求的员工。然后，你可以依据绩效表现、语言偏好、调派意向、经验水平和兴趣等方面进行进一步筛选。接下来，你就可以将职位邀请函通过电子邮件的方式发送给系统筛选出来的 5 名候选员工了。但是，切记要合理使用内部系统，确保你在企业内部搜寻人才时是按规章制度行事的，而不是直接从其他团队“挖走”优秀人才。

如果你在企业内部无法找到所需人才，那该怎么办？大多数企业的做法是：在内部招聘持续 3 ～ 7 天之后，再将招聘内容发布到企业官网上开始对外招聘。因此，你可以等到内部招聘期过后，再从企业外部寻找人才。

在某些情况下，你可能会发现企业其他部门中的一些高潜力人才，他们非常适合加入你的团队，并且可能曾经跟你提过他们想要加入你的团队。但无论如何，我们都建议你小心行事。如果你计划招揽企业内部的某位人才，最好先与该员工的上级进行沟通，而不要直接去找本人。你既可以通过企业的正式人才评审流程（参见第 7 章）来内聘，也可以直接利用人脉关系。但切记一点，那就是除非你想树敌，否则不要从其他人那里“挖走”人才。这样做不仅会损害你的声誉，使你失去高潜力人才的地位，而且还会使企业其他人对你刚招揽到的员工产生负面看法。

成为一名发展导向型领导者

只有将精力集中在团队和你自身的发展上，熟练掌握领导团队的能力，你才能真正成为企业的高潜力人才。以下 4 种行为能够帮助你培养这项能力。

1. 将发展活动纳入日常工作计划。对于优秀的高潜力领导者来说，无论日程安排有多紧凑，他们都会抽出时间与团队成员深入交流。我们采访过一名令人印象深刻的领导者，他指出：

> 我热衷于同团队成员一起工作，尤其在面对巨大挑战时，大家都能全力投入并乐在其中。我坚信，良好的人际关系会使所有人受益。所以，长期以来，我都坚持与手下 180 名员工保持良好的关系。我会尽可能了解他们的工作进展、各自的志向，以及他们的个

> 人生活，如兴趣爱好等。我会不时地找机会指导他们。无论是企业的发展方向，还是在重要客户那里累积的经验，我对自己的团队成员向来都是知无不言、言无不尽的。

你要使团队成员达成共识，让他们能够集中精力、积极发展自身能力；还要确保每名成员有各自的发展计划，能够不断积累与自身独特的发展需求相关的经验，持续获得关于能力发展的指导和反馈，并且可以采取有效措施弥补关键性的能力缺陷。切勿仅仅依靠绩效管理评估结果来看待团队成员的发展。

2. 展现自己的缺点和不足，鼓励团队成员向你提出建设性意见，营造相互学习的健康氛围。在我们的采访中，有几位非常成功的高潜力领导者都谈到了一点，那就是领导者如果展现出自身的缺点和不足，有利于塑造一种团队发展型思维方式。一家专业服务型企业的领导者阿尔琼称：

> 我在坦陈自己遇到问题、需要大家给出建议时，常常会感到很不自在，但我相信我的团队成员会为我保守秘密。员工其实也希望能在自己的上级身上看到更加人性化的一面。作为上级，你必须愿意展现自己的不足。如此一来，员工也就不会掩饰他们的不足，并且愿意从你和其他人那里寻求建议和反馈。

我们的两位同事，罗布・戈菲（Rob Goffee）和加雷思・琼斯（Gareth Jones）的研究表明，当领导者向团队展现自己的弱点时，能与团队成员建立起更深层的信任关系。相反，如果领导者只展现完美无缺的一面，那就无异于是在告诉团队成员自己是团队中最聪明的全能手，而且不需要任何人的帮助。对于下属而言，他们自然会感到泄气。也就是说，此类领导者的思维方式不仅无法鼓励人才，反而会打击到人才的进取心。

上级展现自身的不足之处，不仅能在团队中营造出相互合作的良好氛围，还能显示出作为领导者的真诚态度。但是，对于实际展现出什么样的不足，你要有所选择。不要向别人展现得太多，更不要向不可信的有心之人展现出哪怕一丁点儿的弱点。切勿展现任何可能被视为致命缺陷的不足之处，因为其他人会因此认为你不称职。从促进人才发展、提升人才敬业度的角度而言，你最好是展现个人发展领域中的不足之处，这样一来，团队成员就能向你提供帮助。在我们研究的案例中，有一位年轻的高潜力人才尝试用不同方式向团队成员演讲陈述，以此来征求大家的反馈；有一位高潜力人才会锻炼自己的指导能力；有一位试图提升自己分配任务的能力；还有一位则会锻炼自己解决冲突的能力。以上这些高潜力人才不仅坦陈自己的弱点，而且不断向直接下属和上级征求反馈和指导。

3. 分享你的发展目标和你所收到的反馈意见。作为上级，展现不足之处最积极的方式，是向团队成员描述你的发展目标。许多高潜力领导者会与团队成员分享自己的 360 度评估结果，然后与他们共同选择一个发展领域，在未来 6 个月至 1 年内将全部精力集中于此。在这一过程中，这些高潜力领导者会不断向团队成员征求进度反馈，经常检查、评估大家的目标完成度。这种强有力的领导模式无疑能向你的团队成员表明，求发展应该是每个人的首要任务，而作为领导者的你当然要起带头作用。

4. 请记住，你是万众瞩目的焦点。作为一名高潜力领导者，你的行动和选择将受到各方的密切关注。下属之所以关注你，是因为你直接影响他们的前途。同事之所以关注你，是因为他们要观察你会成为他们的竞争对手还是盟友，以及他们想要了解在你身上投入的时间有没有浪费。高层领导者之所以关注你，是因为他们需要观察你能否持续满足他们对你的预期。有些高层领导本就支持你，视你为高潜力人才，所以你会成功还是失败，将直接反映他们识人辨才的能力。有些高层领导所支持的高潜力人才未被企业选中，而你被企业选中了，因此他们会尤其注意你的后续表现。

许多人都在关注你。因此你任何微小的手势、动作和言语都将被放大。如果你天生喜欢做鬼脸或者开玩笑，那就应多加注意，不要这样下去了。一位高潜力领导者说，她不得不改掉自己爱开别人玩笑的习惯，因为同事们常常会认为她是认真的。

然而，你也可以利用这种关注度来表明你对团队成员及其发展的信心。一位细致体贴的高潜力领导者曾说过，他去会议室时从不带手机。他认为，如果在与直接下属开会时打电话，甚至仅仅是将手机带去会议室，都是一种不尊重人的表现。他还要求自己在每次会议中提 4 ～ 5 个开放性的问题，在团队成员各抒己见之后再开始分享自己的观点。他想让团队成员认识到，自己十分重视他们的意见。而他经常在听了团队成员的看法之后，改变自己原有的观点。这位高潜力领导者还了解自己的情绪会深深地影响团队成员。因此，他每次都会以积极向上的态度参加会议。

这个例子的要点在于你日常不起眼的行为都能有力地表明你是否关注下属的发展。因此，当你和团队成员遇到项目失败的情况时，可以将之看作你与团队成员共同反思和探究失败根源的机会，然后把精力集中于下一步的行动中，而不是去表达自己的愤怒和失望。

当你正在发展自己的能力时，不妨与团队成员分享你的发展目标，并询问他们对你有何期待，告诉他们你会向他们征求关于进度的反馈，然后依言而行。

5 大关键能力的第 2 项——领导团队的能力，将用人才乘数效应影响你的绩效表现。你在企业中的级别越高，就有越多的人影响你的绩效表现，而你也就更加需要这样的人才乘数效应来证明自己是一名真正的高潜力领导者。

应该如何判断自己是否掌握了以人才为中心的领导力呢？艾利丹尼森公司（Avery Dennison）的人力资源副总裁马克·奥尔德斯（Mark Alders）提出了他的判断标准，我们认为这项标准能够真正检验出领导者是否掌握了领导团队的能力。

> 假设你拥有 10 家快餐连锁店，每家分店由不同的高潜力领导者管理。真正的高潜力领导者会通过有效的管理方式，保证无论自己在不在场，自己负责的分店都能顺利运营。他们通常会花时间来建立常规流程、打造团队、发展员工。因此，无论他们是否在店里，店铺都能运营得很好。基于访问生产制造现场的多年经验，我发现高潜力领导者与普通领导者的区别非常明显。当我参观工厂时，大多数工厂的领导者会陪在我身边。如果我提出想自己四下走动，他们会感到很不自在。而真正的高潜力领导者会先陪我熟悉工厂，然后抽身离去，让我自行参观和调查。如果我参观的那家工厂是由一名普通领导者管理的，而他又没有陪同我参观的话，我就会看到或打听到许多他不希望让我知晓的事情，会发现工厂的运作并不流畅。这些凡事都喜欢亲力亲为的普通领导者，通常能够管好市值在 1 亿～ 2 亿美元的工厂。工厂规模一旦超出此范围，他们就会心有余而力不足。此类领导者的控制欲过强，由于他们不懂得放权，最终将导致自己被压垮。

因此，你不妨问问自己："如果我今天开始离开岗位一个月的话，团队将会如何运转？我在员工发展方面做得如何，有没有让他们发挥出自己的潜力？我是否组建了一支在能力上取长补短、在工作时其乐融融的人才团队？我是否挖掘了一批有领导才能的下属，他们只要接到通知，就能随时接替我的工作？"对于上述问题，如果你给出的每个回答都是肯定的，那就表明你已经掌握了领导团队这项关键能力。

THE HIGH POTENTIAL' S ADVANTAGE

高潜力人才的行动指南

1. 你能否被企业视为高潜力人才，取决于你所带领团队的绩效表现。
2. 所有高潜力领导者在知识和能力方面都存在不足之处。你要知道自己真正擅长的是什么。然后，通过打造你的团队来弥补你的不足之处。
3. 培养领导团队的能力需要熟练掌握 5 大核心技巧：精确把握团队成员的才能；提升指导技能，学会分配任务；直面 C 级员工；寻找最优秀的人才；成为一名发展导向型领导者。
4. 通过与员工共同关注他们自身的发展，实现团队的协力共进。
5. 用实际行动向团队成员表明你正致力于实现整个团队和你自身的发展。
6. 在评估团队成员的才能时，不要只关注他们当前的表现，还要关注他们的潜力。
7. 直面 C 级员工，切勿拖延。

THE HIGH POTENTIAL'S ADVANTAGE

03

全面把控：如何在极具挑战性的任务中获得成功

当你开始展示出领导潜力、被企业视为高潜力人才时，你将比同事晋升得更快，接手的任务也更具影响力。这也就意味着你将面临越来越复杂的任务。这些任务令人振奋、回报极高，但同时也会使你大伤脑筋。大多数任务对你来说都会是巨大的挑战，有时甚至让你感到难以招架。不过，好的一面是，这样能让你迅速成长。

你将面临的任务，不仅种类繁杂，而且范围很广，因此你要不断跳出舒适区才能处理。此处的舒适区是指依赖之前的经验处理任务的习惯。

在某个时刻，你会发现自己无法继续依赖所掌握的核心知识了，比如财务或市场营销方面的专业知识；或者无法继续借鉴自己的业绩记录，比如你已经达成的交易数量；又或者无法继续仰赖“火速救急”的领导风格。

为了在职业生涯中取得成功，你必须培养第 3 项关键能力——全面把控的能力。通过以下 3 步可以快速适应新情况：第一，调整思维方式和领导风格；第二，调动团队成员和同事的积极性，共同解决问题并采取实际措施；第三，与上级保持紧密联系。无论你面临的任务有多艰巨，全面把控的能力都将确保你取得卓越表现。

如果你想衡量自己目前对于该项能力的掌握程度，不妨回答小专栏“你是不是一个全面把控的能手”中的问题来进行自我评估。

在本章中，我们将阐述以下几点来帮助你培养全面把控的能力：

- 如何适应既令人振奋又无法预测的非线性职业道路，同时控制好与之相关的风险。
- 如何适应不确定性，去处理充满不确定性的任务。
- 在面对极具挑战性的任务时，如何与上级开展合作并调节好你与同事之间的关系。
- 要想成为全面把控的能手，需要经历哪些不同的任务、拥有怎样的经验。

我们还将阐述为什么接手某些任务会给你带来负面影响，以及如何拒绝此类任务，以免传递出错误信息或者损害你的领导潜力。

你是不是一个全面把控的能手

- 当你面对一份毫不熟悉的工作时，是否会感到不安？你能否以开放的心态接手每一项新任务？你是一个充满好奇心的多面手吗？你能否在新的挑战中茁壮成长？你是否愿意从“未知”起步，跳出舒适区去接手自己并不擅长的任务？
- 你是否完全理解当前的任务与上级的工作安排有什么关联？你的这些工作对上级的职业生涯有何影响？他们会以哪些结果作为指标，衡量你是否在岗位上取得了成功？你如何确定并满足上级对任务的要求？
- 你能否在团队中快速建立起相互信任的文化？换言之，你能否让团队成员愿意对你如实相告，尤其是坏消息或者批评性反馈？你擅长向他们解释所交流的信息的含义吗？你是否考虑过应如何管理和沟通？你是否了解团队的整体士气和每名成员的敬业度，知道自己应如何解决这方面的问题？

- 在面对压力和变化时，你能否使周围的人保持冷静？在面对不确定的情况时，你能否营造出一种鼓励开放式对话的环境，让自己保持稳定的企业家精神？
- 若想完成一项新任务，你是否知道自己必须使哪些同事参与进来，并赢得哪些同事的支持？你知道自己应怎样回报他们吗？你是否也赢得了反对者的支持？
- 你能否以成熟的态度面对挫折？能否让自己重新振作起来，去继续学习、不断尝试？当事情变得糟糕时，你会责怪他人还是自己承担责任？你能否从失败中吸取教训并做出改变？你本质上是不是一个乐观但又并不盲目乐观的人？

适应不确定状态

你的面前将出现大量机会，令你根本无法掌控局面。沃顿商学院管理学教授彼得·卡佩利（Peter Cappelli）及其同事莫妮卡·哈莫里（Monika Hamori）和罗西奥·博内特（Rocio Bonet）研究了《财富》世界100强企业中前十位领导者的职业道路和资历。他们发现，这些大型企业的领导者对自身的职业生涯并没有太多控制权。卡佩利和两位同事还观察到，相较于过去的几十年而言，“现在更多的是一种‘变化无常’的职业生涯。在经济衰退期间，人们的工作较少发生变动。即便发生变动，也往往是以一种他们未曾预料的方式改变。有的时候，他们可能会一举超越那些处在高管候选人位置上很久的人；而有的时候，虽然他们一直待在某个企业，但其心心念念的领导岗位却被空降人员夺走了，这就导致他们的职业生涯轨迹变得更加不可预测，或许还会使他们决定跳槽。”

也就是说，你无法预测将要面临的任务。即便企业委派的任务并非你原本想做的事，你也要保持开放的态度、长远的思考。**如果你聚焦于自己能够从意料之外的任务中学到什么，而不是将关注点放在梦寐以求的晋升上，那么你更有可能获得成功。**

平是一位部门总裁。作为一名高潜力人才，他向我们描述了其职业生涯的演变过程：

> 刚开始，我在一家财务企业管理一个部门，是该部门的二把手。当我的上级退休时，部门主管的位置空出来了，而我对该岗位志在必得，因为我的资历在几名候选人中最为优异。然而出乎预料的是，我没有得到晋升。企业的高层领导告诉我，如果我想晋升到主管级别，那就必须去其他部门负责其他业务。我记得自己当时的想法是：我打心眼里喜欢我的工作，而且我的表现也相当不错，那么晋升到主管级别是理所当然的事。而当事与愿违时，我认为我在这个企业的职业生涯算是走到头了。实际上，虽然当时我并不理解企业的决定，但如今回想起来，我心心念念的那个岗位确实是彼时的我无力胜任的。
>
> 几个月后，我接到了一位内部客户的电话，他向我提供了另一个工作机会。那是一项延展型任务，我将面对一个全新的领域。我必须与他人有效地合作来完成工作，而不是去监督他人。同时，我还比其他人都年轻，所以我自问：“我如何才能对那些拥有更多经验和专业知识的人产生影响呢？”我接受了那份工作，成为一名管理所有施工现场的现场操作经理。我在该岗位待了2年。
>
> 然后有一天，企业的一位管理人员打电话问我是否想成为企业

紧急行动区域的负责人。我去问上级："我应该接受那份工作吗？"他告诉我，不妨对新的工作持开放态度。于是，我接受了面试，最终获聘。这份工作于我而言也是一项延展型任务，我需要负责应对一系列紧急情况。在接受最后一轮面试时，我觉得自己是在出席参议院的确认听证会，面试官中甚至有首席执行官的身影。

那份工作之后，我接到了一份令我始料未及的工作。之前那位认为我尚不足以胜任主管岗位的上级，向我提供了一个重点负责对外事务的工作机会。我接受了这份工作。在那一年里，我的成长比之前职业生涯中的任何一年都要快。如今，我负责接洽外部客户。而在接手这份工作之前，我一直都是以企业内部事务为重心的。

一年后，企业将我调往我曾心心念念的那个主管岗位。谁会想到呢？历经诸多曲折，终于得偿所愿。

从平的职业生涯中不难看出，相较于20年前，现在的高潜力人才需要拥有更加广泛的能力。上一代人能在同一个部门中层层晋升，从产品经理助理、产品副经理一直升到产品经理。如今，已经不太可能重复走这样的职业道路。过去的企业更加稳定，因而更容易规划出具体的、结构化的职业道路。而如今在技术革新、全球化和数字化等的影响下，各领域都取得了日新月异的进展，未来变得难以预测。企业需要不断调整结构和人员岗位。一家企业为了让员工更好地适应这样未知的环境，告诉他们："不要将某个特定的岗位视为你们的目标，因为当你们做好准备时，这个岗位可能已经没有了。你们要重点关注在接下来的岗位中能够学习到什么。**职业道路是网状的，而非阶梯式的。**"

不要期望你的职业生涯会像搭积木那般有条不紊。我们在一次采访中了解到，一位原本十分有望进入高潜力人才库的候选人最终惨遭落选，原因是他告诉了上级接下来他希望接手3项具体的任务，从而让组织了解到他缺乏灵活性，并不具备一名高潜力人才应具备的心态。通常，企业中会有人仔细考虑接下来对你的安排，但他们不会以线性方式去考虑。因此，即便他们的安排似乎偏离了你的计划，你仍然要对接下来的任务持开放态度。如果你是名副其实的高潜力人才，那么企业可能正在通过人才审核流程来规划你的长期工作安排，而不仅仅是考虑你的下一次晋升。更多有关人才评估如何运作的信息，请参阅第 6 章。

我们的建议是，你要尽可能在职业生涯中广泛拓宽能力，同时关注企业要求高层领导者应具备的基本经验。充满变化的职业生涯将令你受益匪浅。那些顺着某个职能部门的晋升阶梯逐步爬上企业高位的高潜力人才，将很快成为你的手下败将。

高潜力人才不仅拥有各种独特的机会，而且会受到企业的强烈关注。高层管理者将高度关注你的表现，尤其是你实现目标的方式。他们会观察你是否具备一名高层领导者应有的能力和素质。如果你的表现总能达到预期，甚至超过他们的预期，那么你将继续获得晋升以及后续的其他机会，从此进入一个良性循环。与此同时，你在职业生涯中的风险也越来越高。在任何一项任务中，若你未能熟练掌握全面把控能力的要领，都可能导致企业不再视你为高潜力人才。

一位高管与我们分享了他的一名直接下属的经历。这名下属仅因为一个项目就失去了高潜力人才的地位。企业考察此项目后得知了一个事实，那就是这名下属不仅在能力上存在致命的缺陷，而且在出现问题时也不懂得积极应对。

鉴于迈克迄今为止的绩效表现，我原以为他会一直保持高潜力人才的地位。他拥有活跃的创造性思维，能够为企业提出重塑商业模式的战略思想。他的专业知识也十分过硬，在合作伙伴关系等各类人际关系方面都处理得游刃有余。但我发现，他的不足之处在于执行层面，因为他总是无法赶在最后期限之前完成任务。由于企业高层密切关注着我们这个团队能否如期完成工作，因此他的这一不足之处就是一个致命的缺点。实际上，他的工作中最重要的一点就是把握工作进度，确保任务在期限内完成。

例如，之前我让他负责一个大型战略项目。原本 6 个月之内就应该完成的项目，他却花了 1 年多的时间才完成。虽然他具有战略性思维，但我发现，他并不善于将自己的见解转化为清晰的想法，而且也无法顺利表达出来。他在做陈述时，似乎是想到哪儿就说到哪儿。这种毫无条理的表达，实在令我感到失望。

关于这两个缺点，我已经如实相告，也指导过迈克。但他并未接受我的意见，认为自己不需要改进。所以，也许他刚开始看起来像是一名 A 级员工，但如今在我看来，他只是一名 B 级员工。

本案例展示出了一个要点，那就是未来的艰巨任务会暴露你的缺点，通常还是致命缺点。你的缺点在上级的眼中一目了然。只要是高潜力人才，其优势和劣势都会被一览无余。

即便难以接受，你仍需要对关于你缺点的精准反馈持开放态度，并积极采取纠正措施。既不能沉湎于过去的辉煌纪录，也不能寄希望于用其他优势来弥补缺点。如果你的上级认为赶上最后期限是一个硬性标准，那么你就必须按时完成任务。

想要全面把控高潜力领导者曲折难测的职业道路，需要拥有什么样的心态呢？从本质上来说，你需要培养一种适应不确定性的平和心态，它是全面把控这一关键能力的基础。

为了灵活应对曲折多变的职业道路，你必须培养出平和的心态，去迎接那些你无法掌控的机会。此类机会往往远超出你的知识和经验范围，我们称之为“对不确定性的容忍度”。你可以不断提升自己的容忍度，以适应日新月异的世界。你必须大胆地去寻求关键利益相关者的帮助，让他们协助你培养出对未来形势的敏锐洞察力，为你将来所需的知识和能力提供指导。你还要培养出广泛而多样化的变革领导力，并且准备好随时改变自己的工作风格和行为方式，始终以学习和再学习为导向。

话虽如此，但保持这种开放态度并非易事。如果你已经是一名高潜力人才，很容易会有一种盲目的自信。毕竟，每次晋升都证明了你拥有傲人的才能。如今所拥有的骄人成绩，对你来说就像一份保险单，能够使你日后免受挫折。同样，**当你成为高潜力人才之后，自信也会与日俱增。**而自信就是你乐意接受下一个任务的理由之一。如果你缺乏这种自信心，很可能会敏锐地意识到任务的艰巨性，从而拒绝掉大部分机会。

然而，我们希望你能降低一点自信心，稍微保持一些多疑的态度。因为有许多高潜力人才正是因为过于自信，才会在他们职业生涯的中后期阶段惨遭企业淘汰。盲目自信使他们无法集中精力于自身的发展，无法认清与任务相关的发展需求，这导致他们未能做足准备工作。当事情变得糟糕时，适应不确定性的平和心态也会随之消失。

你要记住一点，那就是想要在新岗位上获得成功，就必须不断调整风格，不断掌握新的专业知识和技能。你要不断提醒自己：新任务意味着新挑战。只有通过实际行动才能证明你的真正潜力，否则这些潜力无人知晓。上级可能高估了你的能力，或者说他尚未意识到你的某个缺陷会给你的前途造成极大的影响，抑或上级可能根本没有意识到他刚刚下达的任务要求有什么不妥之处。

因此，请你保持一定的质疑态度。如此一来，你才有可能做足准备，从而准确评估和把控下一个极富挑战性的任务。我们在小专栏“如何应对任务中的不确定性”中提供了一些详细的指导建议。

我们已经阐述了掌握全面把控能力所需的心态。接下来，我们将探讨的是，当你接受了企业安排给你的考验型任务时，你应当注意把握哪些工作关系。

如何应对任务中的不确定性

- 就运作流程和所需知识而言，即便你在上一个任务中能够取得完美表现，也并不意味着你在下一个任务中同样如此。哈佛商学院的研究表明，想要在新任务中获得完美表现，必须在你拥有最丰富经验的领域做出改变。因此，你必须扩大自己的关注范畴，超越现有的专业知识和迄今为止的经验。不妨问问自己：“在新任务中，我真正需要学习的是什么，该向谁学习？想要获得成功，我需要重新审视和塑造哪些方面的风格？先前的经验是否会导致我忽略这项任务的关键细节？此项任务中的哪些地方，我可能会因为经验不足、观察不够到位而没有予以足够的重视？即便时间有限，哪些关系的构建仍然是必不可少的？”
- 你可能会面对极其紧迫的任务期限，因此必须尽快学习。对你的岗位角色有着深刻认知的每个人，你都必须利用起来，并迅速将他们的见解运用到实际工作中去。在到新岗位上任之前，你必须花时间通过自己的人际关系网，来了解清楚在新岗位上应该优先处理哪些事项，以及你可能走入什么样的误区，而这一点是硬性要求。

- 你可能会步入一个职场政治斗争相当严重的新环境，然而此时的你并没有长期的人脉关系可以依靠，之前所累积的经验基础和人脉关系，对于应对现在的环境可能也没有多大作用。这时，你需要找到了解新环境的前任领导或者同事，寻求他们的帮助。他们能够告诉你其中存在哪些雷区，以及如何才能避开这些雷区。
- 当你晋升至企业中高层之后，你的利益相关者不仅在数量上会成倍增长，而且你所处的利益关系也逐渐多样化。你的同事既没有义务也没有时间来帮你。你可能还会发现，部分同事甚至是你的竞争对手。而你刚刚上任的岗位，有可能正是某位同事心心念念却失之交臂的岗位。突然之间，处理人际关系的能力开始变得十分重要，而你此前可能没有认真看待过这项能力。你的时间现在已经变得非常宝贵，但是构建好人际关系这件事是你必须做的。
- 你需要对自己在压力下的行为表现有清楚的认知。思考一下，当承受巨大压力时，你会有哪些异常行为？又应该如何自我疏导？这些行为表现将受到上级和下属的密切关注。高盛集团前副总裁罗伯特·卡普兰（Robert Kaplan）曾指出，如果一名领导者在遭遇失败时不愿承担责任，在获得成就时又独占功劳，那么团队成员将照搬其行为方式。他还指出，如果团队成员总担心领导者在收到坏消息时的反应，那么他们就不会愿意坦诚相待，不愿传达出紧急信息。因此，你不妨自问："我在压力下是容易发脾气，还是能保持镇定？当事情未按照计划进行时，我会保护下属免于受责，还是会将责任归咎于他们？我是否会为失误承担责任？当团队未取得理想结果时，我会公开批评整个团队或个人，还是会私下批评？在承受压力时，我是否依然会向上级坦言自己心中所想？"这些问题的答案，想必你早已心中有数。你所要做的，就是要锻炼自己习惯于做出合理恰当的反应。

5 次重要谈话，让上级参与进来

哈佛商学院教授杰克·加巴罗（Jack Gabarro）针对管理人员进行了研究。加巴罗发现，当管理人员接手具有挑战性的新任务时，成败往往取决于他们能否在一年之内处理好自己与主要利益相关者的关系。那些以失败告终的人与上级之间的关系通常很糟糕。双方常常因控制和放权的问题而产生冲突。对于完成任务所需的有效领导力，双方没有事先沟通清楚。

在第 1 章，我们已经对情境感知进行了详细的探讨，因此上述发现自然不会让你感到意外。想要获得并保持高潜力人才的地位，你就必须处理好自己与上级之间的关系。无论在大小事项上持有何种程度的期望，你都必须事先与上级达成明确的共识。例如，你在此项任务上有何权限？除了销售业绩、成本、生产力等传统的核心指标之外，上级还将如何衡量你的团队成绩？从上级的角度来看，你需要谨慎处理好与哪些人的关系？上级偏向于以何种方式关注任务的进展并参与决策？

迈克尔·沃特金斯（Michael Watkins）对某位领导者在接受新岗位的前 90 天展开了研究。他指出，当领导者步入一个新岗位时，需要与上级开展 5 次重要谈话。以沃特金斯所提出的原始问题为基础，我们在此进行了总结和补充。

第 1 次谈话的话题是关于上级如何看待你所处的情境，这直接关系到高潜力人才 5 大关键能力的第 1 项——情境感知能力。你要获知上级对下列问题的看法："这项任务为何具有挑战性？你将面临哪些早期障碍？对于你需要格外注意的事项，哪些过往经验极具借鉴意义？谁将自然而然成为你的盟友？你将带领的团队成员素质水平如何？你可以在哪些方面获取早期阶段性胜利？这项任务与高层领导者的工作安排有何关联？有哪些迫切需要解决的问题，需要尽快达成的目标？关键群体和利益相关者之间存在多大程度的合作或冲突关系？”

第 2 次谈话的话题是关于上级对绩效表现的期望。也就是说，上级需要你在短期和中期阶段完成哪些目标？上级希望看到哪些具体的成果？企业将会如何评估以及何时评估你的绩效表现？需要解决的绝对优先事项是什么？如果你在工作中遭遇挫折或需要进行调整，哪些结果被视为可接受的替代性结果？

第 3 次谈话的话题是关于工作风格。你能够在多大程度上独立完成这项任务？在哪些问题和决策上，你应该寻求上级的指导？上级喜欢多久和你沟通一次？以何种形式沟通，是面对面交流、书面形式，还是通过电话、短信、电子邮件？你与上级的工作风格有何不同？你需要在哪些方面做出改变，以适应上级的工作风格？上级认为什么样的工作风格最适合完成此项任务？他是否希望你对某些关键细节始终了如指掌？上级对你越级处理问题这件事的态度如何？他是否乐意成为你和上级领导之间沟通的桥梁？

第 4 次谈话的话题是关于资源。此处指的是广义上的资源。在处理任务时，你可能需要更多的资金或者人力资源，有时还需要上级的“空中支援”，也就是说，你需要上级通过他的人脉关系为你寻求职场上的支持，获得必要资源，或者使其他同事参与到任务中来。因此，你要弄清楚在众多资源之中，哪些是你所必需的，以及应如何确保拿到这些资源。你还要让上级清楚他能为你做些什么。你能凭自己的力量获得上级和同事的支持吗？

最后一次谈话的话题是关于你的个人发展。对于此次任务会对你的个人发展产生的影响，上级有何看法？此次任务将对你实现个人发展目标有何助益？是否有相应的课程能够帮助你提升此次任务中所需的能力？对于与这份工作相关的具体要求，有没有人能够给你提供指导？你所带领的团队成员能否弥补你在工作风格、专业能力或知识等方面的不足？

正如沃特金斯所说的，这 5 次谈话需分阶段进行。早期的谈话可能会围绕着情境、期望和工作风格 3 个方面。而随着你与新上级的关系不断发展，你将能够更好地与其协商资源、回顾早期你对所处情境的初步判断，进而重新设定双方对绩效表现的预期。当你认为自己已经和上级建立了较为牢靠的关系后，便可以邀请他谈谈你的个人发展了。接下来我们探讨的是哪些人将确保你真正实现对职业生涯的全面把控。

构建牢靠的合作关系，让团队积极参与

我们从研究中了解到，那些未能完成任务的新任管理人员往往与团队成员和同事关系不佳，而这两个利益相关群体对你能否取得成功至关重要，原因主要有以下 2 点。

首先，当你的岗位职责不再以处理职能性工作为主时，你就无法继续依靠专业知识和能力来解决问题了。比如，如果企业将你调往人力资源管理部门，那么你根本无法一夜之间就变成薪酬或绩效管理方面的专家。因此，此时你需要其他专业人士弥补你的不足。随着职位晋升，你对团队的依赖程度也更大。

其次，想要解决复杂任务，通常需要其他部门的配合。你需要其他同事积极支持并配合你实施计划。加巴罗发现，当管理人员与上述两个利益相关

者群体之间出现竞争、产生分歧、存在工作风格冲突，以及对何谓有效的绩效表现这一问题持不同意见时，这些管理人员往往会面临失败。究其根本，他们的问题在于未能就各方面的预期与各方达成共识。

同样，沃特金斯在对职业转型的研究中发现，领导力的核心在于“善于利用人际资源”。想要做到这一点，你必须充分调动团队成员、上级和同事，使他们全身心参与进来。在得到他们的允许之后，你便可以“站在他们的肩膀上”了。新任领导者遭遇失败通常还有一个原因，那就是他们早期的举措造成了同事的反感，使同事不愿再支持他们的工作，而获得这些同事的支持，往往对新任领导者能否完成任务起着关键性的作用。乔尔·阿尔巴雷拉（Joel Albarella）的案例则与一些新任领导者的失败例子形成了鲜明的对比。阿尔巴雷拉负责监管企业的创新技术联盟和资本投资组合。在上任该岗位后不久，他就认识到了人际资源的重要性：

> 许多企业的风险投资业务常常无法取得理想效果。它们要么与刺激企业核心业务发展的措施无法保持一致，要么仅凭某名高管的个人意愿就开展下去，结果导致种种举措无法真正在企业中实现。
>
> 我们面临的挑战是探索新的商业模式。我必须在内部构建可靠网络，对商业模型进行测试。为了使团队成员达成共识，我告诉他们，这项投资计划是为被投企业制订的。也就是说，被投企业因为要测试新的商业模型，才为此投入了大量资源。如果我们希望自己的团队和技术获得可持续发展，就必须牢记以上这一点。我们虽然了解与投资相关的概念，但被投企业更加了解他们自身的业务。因此，我们要对他们保持谦恭的态度，既不能命令他们去测试某项新技术，也不能对自己的辉煌历史夸夸其谈。我还告诉团队成员，我们必须了解被投企业的需求，然后确保他们的领导获得成功。同时，功劳也是他们的，而不是我们的。

总而言之，在每项任务开始之前，你必须先构建牢靠的合作关系网络，将你的同事、上级的上级、下属的下属全部考虑进来，找到合适的方法帮助他们获取信息、好处、资源和支持等。在步入新岗位的早期阶段，尽量保持日程安排的灵活性，以便你有充足的时间去发展关键的人际关系。

理解不同任务的意义

掌握全面把控的能力，意味着你每次都能成功地适应新的环境、胜任新的岗位。你所面临的各种任务类型将分别从深度、广度和延展度来提升你的能力。

职业生涯早期的任务通常会帮你拓展能力方面的深度。此类任务能助你加深对专业知识的理解、运用，在财务、市场营销、信息技术或人力资源等领域增强你的专业能力。你要在某个特定领域拥有足够深的专业知识和足够强的专业能力，我们有时称为"后口袋技能"[①]。如此一来，你便可以在有需要时调用这些知识和技能。

某些时候，企业会将你调往与你的专业相关性不高的岗位。毫无疑问，这些岗位上的工作也能帮你拓宽能力方面的广度。不少企业认为，无论员工成长于哪个职能部门，在晋升到最高级别的领导岗位之前，都应深入了解企业内主要业务部门的基本运作情况。例如，百事公司会通过人员规划流程，来确保每位高层领导在不同职能领域均拥有扎实的专业知识和能力，其中包括复杂的财务知识、关于业内客户和消费者的知识，以及对业务创新流程的

---

① 指不管从事什么职业，都可以像从口袋里拿出来一样直接加以利用的技能。——编者注

理解能力。

接下来，企业可能会给你安排一个重建任务或与创建合资企业相关的任务。此类任务不仅能使你认识到在领导团队时面面俱到的重要性，而且能让你获得许多新领域的知识。此类能力延展型任务会促使你跳出之前的经验，不断学习新的事物。通常来说，企业很快就会给你安排面向市场的任务，以便你拓宽自己的市场化视角和战略视角，以及提高处理对外业务的能力。如果你之前属于财务等职能部门，那么企业将会安排你去投资者关系部或者公关部工作一段时间。如果你之前属于销售部门，那么企业可能将你派驻至最重要的客户或供应商所在的城市。

从那以后，企业可能会将你安排到一个更大型的重建任务或者变革项目中去，此类任务通常涉及不同职能部门或企业分部。此举的目的在于考验你能否从系统的角度去思考企业的运营，将各个职能部门视为相互补充、目标一致的整体。这种思维方式被称为“系统思维”。对于运营复杂的大型企业的高层领导者而言，这是一项至关重要的能力。企业还会通过这些延展型任务，评估你对其他职能领域的同事能产生多大影响力。因此，此类任务将从延展度和广度两方面来提升你对企业内部事务的处理能力。企业不仅能通过此类岗位调动拓宽你的知识面、提升你的领导能力，还能以此来测试你的潜力。

许多企业在给高潜力人才安排任务时，会按市场类型（如国内市场或全球市场、国家市场或洲际市场、成熟市场或新兴市场等）、产品类别、负责部门级别、增长或重建目标等对任务进行分类。其中一些任务是你在进入企业最高领导层的过程中是必不可少的步骤。

你不妨仔细研究一下最近加入企业最高领导层的人，看看他们都有什么样的职业背景。比如，想要进入企业最高领导层，你是否需要在首席执行官助理的岗位上工作一段时间？是否需要有负责全球性项目的经验？是否要有在总部某个岗位的工作经历？但是，切勿将现任最高领导层人员的资历视为你达成目标的唯一指南。正如我们所说的，现任最高领导层人员所经历的职业路径可能与你要经历的职业路径大不相同。此外，由于企业越来越清楚应如何分配任务来拓宽员工的能力，因此你可能会遇到许多现任高层领导人员未曾经手过的要求。

高潜力人才要面临的任务

在职业生涯早期，企业往往会着重培养你在所属领域的专业知识和能力。此类任务的目的很直接，你将有机会在财务、市场营销、销售、运营等专业领域提升自己的深度和广度。此时，你可以通过出色的表现来展示你的专业能力。

在跨专业领域或不同职能部门的岗位工作和参与任务，都是你培养各种专业知识、拓宽视野和发展人脉关系网络的机会。此类任务通常始于职业生涯早期的部门内部平级调动。比如，如果你在供应链服务部门，企业可能会将你从该部门负责处理合同的岗位调往负责财务结算的岗位。此举的目的在于让你深入了解供应链服务中的各个环节是如何相互影响的。之后的任务还将拓宽你在不同职能部门的工作经验。例如，企业可能会将你从财务部门调往人力资源管理部门，或从内部运营岗位调往面向客户的岗位。

企业之所以这样做，是为了观察你能否取得具有实际价值的成果，构建更广泛的跨职能关系网络，获得深度的企业化视角。企业还可能以此来评估你能否在业务部门的需求和企业核心管理层的需求之间找到共同点。

如果你获得了企业的肯定，那么你可能会成为某个运营部门的负责人。你将面对不同的市场、不同的客户，甚至接触到来自不同国家的合作伙伴或竞争对手。从此，你要直接向企业核心领导层汇报工作，而且仍需不断深化与企业相关的知识。此时，你需要弄清楚对于进一步晋升到核心领导层岗位，自己还有哪些知识和技能上的不足之处。在这个阶段，你还拥有大量机会去弥补这些缺陷，例如，你可以通过阅读企业报告来深入了解其背后的驱动因素和关键假设。

高潜力人才要面临的具体任务或岗位还有以下几种。

1. 对外岗位。对外岗位指的是需要与主要客户、金融分析师、各种专业企业、监管机构乃至主要消费者直接打交道的岗位，而上述外部人群或企业无一不影响着整个企业的最终绩效表现。此类岗位所要承担的任务于你而言，无疑是拓宽能力的关键任务，它们使你拥有全方位的企业化视角。如果你晋升到此类岗位，那么极有可能意味着企业有心将你培养成高管。

2. 重建任务。重建任务旨在从各个方面测试你的运营管理能力。此类任务中，你可能要对企业结构或者岗位进行调整，甚至做一些艰难的裁员决定、直面意志消沉的员工。你将掌握危机管理能力，并认识到确定事项优先等级的重要性。如果重建任务是在部门内部进行的，那么此次任务可以加深能力。如果重建任务涉及多个职能部门，那么它能拓宽能力，并且更具挑战性。由于此类任务具有高延展性和高风险性，因此你面临的失败风险可不小。你的前任很可能就是因此失败的。此类任务的出现，往往意味着整个企业处于一种紧张不安的氛围之中。好消息是，在处理事务上你通常会比较自由，并且与此类任务之外的人员间也不会存在太多竞争。

3. 变革型领导岗位。变革型领导岗位指的是你必须展现出强大变革领导力的岗位。此类岗位需处理的任务通常与企业内部基础架构相关，并涉及诸多部门，如事业部。由于这些任务需要打破企业现状，因此经常面临严重阻力。你需要说服企业内部影响力最大的群体，获得他们的支持，并与大多数甚至所有职能部门展开有效合作。这将考验你的沟通能力、影响力、处理人际关系和推动变革的能力。此类岗位往往包含最具延展性的任务，对你的职业生涯而言风险也最高。通常来说，它是对全面把控能力的终极考验。

4. 初创企业或合资企业的相关任务。这些任务指的是需要你“白手起家”的任务。这可能意味着你要从头开始打造新的企业部门。此类任务能够培养你的市场化和战略视角，以及创业能力。你很快就能够认识到自己是否会对不确定性感到不安。与此同时，此类岗位的工作也充满乐趣，因为新的企业往往尚未形成固定的企业结构，相当于拥有大量增长机会。也就是说，这些工作涉及不同行业，需要你以新的方式与新兴技术或新的市场等产生联系。然而，这些部门通常尚未跻身企业核心业务部门之列。因此，你所创建的企业部门可能在整个企业中既不具备较高的优先等级，也不太受人关注。而企业的核心业务部门甚至可能将你和你创建的新部门视为潜在的威胁。所以说，你要让企业的高层领导者参与进来，支持你所创建的新部门。由此，你将认识到上级提供“空中支援”的重要性。想要取得成功，你就必须培养在企业内部进行游说、获得他人支持的能力，以及构建人际关系网的强大能力。因此，此类任务既属于延展型任务，也属于拓宽型任务。

5. 总部的岗位。总部的岗位可能会因为企业核心管理层结构和岗位设置的不同而存在较大差异。在权力较为集中的企业，总部可能设有一系列广泛的职能岗位，如研发、信息技术、运营、市场营销、销售和人力资源等；而在权力下放程度较高的企业，总部主要设置财务部门。因此，权力下放程度较高的企业很有可能将一名高潜力人才调往高级财务主管的岗位。对于副总裁级别的岗位而言，与财务相关的任务较为关键。如果岗位低于副总裁级别，任务则往往涉及行政管理类的琐事，与真正需要做财务管理决策的类型相距甚远。如果你最终被企业任命为副总裁，那么你还需要掌握系统思维，拥有全球化思维方式，能够把控高管之间的职场政治风向，与各个事业部、职能部门、全球大小市场开展积极有效的合作，同时与外部进行良好沟通，并拥有政治才能。

拒绝 4 类任务

并非所有任务对你的职业生涯都有价值。实际上，一些任务还会破坏你的职业生涯。面对这些任务，除非上级答应你，即便你无法完成也不会追究责任，否则请不要轻易接受这些任务。下列 4 种类型的任务失败的风险极高，你可能会因此而丧失高潜力人才地位。

- 该任务所涉及的业务或职能水平急剧下滑，而且恢复的可能性也很小。
- 该任务涉及企业内对立派别之间的职场政治斗争，只有一方有可能在斗争中取得胜利；或者说双方势均力敌，除非整个高层领导权力结构发生变化，否则斗争将一直持续下去。
- 该任务属于企业未来或将发展的业务，对企业目前的核心业务构成严重威胁。
- 该任务需要你与一个领导无方、极难相处的上级合作。

你应该怎样在避免上级误解的同时，拒绝接受此类任务呢？你需要制订计划、巧妙沟通。

第一，从相关岗位的前任员工和你所处的情境等方面，去了解你认为自己可能会失败的任务。可以找到对这些任务了如指掌的人，与他们从多个角度展开讨论，看看你之前所做的调查与他们的结论是否吻合。切勿因为对所处情境产生误解而错失良机。

第二，与上级、人力资源部门和其他人讨论你的目标和愿望，看看该任务所提供的角色经验与你的目标和愿望是否一致。也就是说，去了解该任务岗位是否能够为你提供达成目标所需的关键经验。虽然这类任务或许能为你提供独特的学习经验，但说不定你也能通过其他更合适的机会获得同等经验。

第三，如果你尚未找到合适人选来接替目前的工作，那么你可以向企业提出，此时并不是你调动工作的最佳时机。企业的决策者或许能看出来这只是个借口，但未必不可一试。

第四，利用你上级的上级、职能部门的负责人、高级人力资源主管等人脉，借他人之口传达你的想法，看看是否还有其他任务可供选择。有时候，安排你接手某个危险任务的决定只是上级或者某位高管的意见。如果你可以在幕后运用一定的职场政治手段，让更多的高层领导者干预这件事，那么你甚至不必亲自出面拒绝此项任务。这种幕后操作需要牢靠的人际关系和强大的沟通技巧，而这也正是许多高潜力人才可能会利用的方式。

第五，通过与上级正面沟通来解决问题。如果你能够有理有据地向上级阐明，为什么该任务一直以来使诸多前任遭遇失败，而且导致他们的职业生涯深受影响，那么上级或许会答应你，无论结果如何，你的职业生涯都不会受到任何影响。如果你很有说服力，上级可能会重新给你安排任务。

肯是一名表现极佳的“明星员工”，在企业中也是一名众所周知的高潜力人才。他曾以一次极为成功的营销活动，一举扭转了某主要品牌业务岌岌可危的局面。此后，他又陆续完成了几项不同的发展型任务。他既在营销领域有着深厚扎实的背景，又在其他事业部的任务中拓宽了各方面的能力。由于他的目标是成为一名高管，因此他需要通过接下来的任务来完善他的职能视角。在理想情况下，他能够通过调往运营、销售等其他职能部门来获得此类经验，或者直接管理一个小型事业部。然而，企业给他提供了一个高级财务主管助理的岗位。肯从未在财务部门工作过，从理论上来讲，该岗位其实非常适合他。与此同时，肯又从一些小道消息获知，之前该岗位上的人大多没有取得良好表现。4 位前任在接受该任务时还是企业眼中的高潜力人才，可是其中 3 位在离开该岗位时，均被降级为普通员工。小道消息还称，与高级财务主管共事极具挑战性，在他手下做助理，稍有差池就会使你的职业生涯受到重创。

当企业向肯提供该岗位时，他对整个情况做了评估，并征求了几位导师的意见。他们认为，虽然从长期来看，该岗位的经历确实能够提升他的能力，但也仅限于财务方面。如果他愿意再等等，或许其他非助理类的岗位对他的能力提升更有帮助。在与导师讨论之后，他以令人信服的理由向企业表明，接下来他需要积累业务现场的经验而非助理类经验。他甚至无须正式拒绝，就巧妙地避开了该财务岗位的任务。最后，企业将该岗位安排给了另一名高潜力人才，肯则接手了一项在合资企业中部署人才的任务。然而，那名高级财务主管助理就没有那么幸运了。由于该员工未能处理好自己与财务主管的关系，9 个月后，他便离开了企业。而肯依然是企业眼中的高潜力领导者。

想要在职业生涯中做到全面把控，你需要仔细评估自己即将步入的每一个情境，全面深入地思考整个背景，思考任务对你和你的团队、利益相关者

和资源等方面的要求。想要掌握这项能力，你必须不断学习、寻求反馈、准确判断优先事项、衡量进展、不断试验，并展示出面面俱到的领导力。

接下来，我们将探讨下一项能力，它与全面把控能力类似。你在企业中的层级越高，该项能力越能显示出重要性。它就是 5 大关键能力的第 4 项——化繁为简的能力。

THE HIGH POTENTIAL'S ADVANTAGE

高潜力人才的行动指南

1. 你的职业道路将会难以预测、复杂多变。
2. 你需要培养自己对不确定性的容忍度，也就是说，在面对超出你的控制范围、你的知识和经验的机会时，也能够安之若素。
3. 你进入高潜力人才库之后，会成为万众瞩目的焦点。高管们会对你的表现格外关注，尤其是你实现任务目标的方式。
4. 由于高潜力人才所接手的任务更具复杂性、更受关注，因此你的不足之处和不良习惯更有可能展露无遗。你必须对此类反馈做出积极响应。
5. 切记，无论你的流程、知识或者工作风格等在之前的任务中多么有用，你都无法确保它们在接下来的任务中发挥出同样的效果。你必须了解清楚：在接下来的任务中，我需要学习什么，又应向谁学习？我之前拥有的经验和职能背景，是否会使我忽略这项任务中的关键细节？哪些地方我可能会因为经验不足，未能予以足够重视？
6. 虽然企业安排的绝大多数任务都旨在提升你的能力，但你可能也会面对一两项你应该拒绝的任务。当你想要拒绝接受此类任务时，切记考虑周全。

THE HIGH
POTENTIAL'S
ADVANTAGE

04

化繁为简：如何将散乱的数据与信息转化为有价值的洞见

人们常常以为高潜力人才必定拥有非凡的智力，事实却并非如此。在智力上胜过其他人不一定就是优势。实际上，在我们见到的不少案例中，智力超群反而成为一些高潜力人才候选人的绊脚石，因为他们会显得傲慢，在他人看来喜欢将自己的观点强加于人，或者毫无实践能力。

然而，高潜力人才确实有必要发展一项特殊的能力——5 大关键能力的第 4 项，化繁为简的能力。该项能力指的是将看似毫无联系的数据和信息联系起来，形成有价值的战略性见解，并将这些见解表达出来，促进企业的进一步发展。**你的高潜力人才地位如何，并不取决于你的智力是否过人，而取决于你能否建立信息之间的关联，帮助其他人认识到这些联系。**

随着你在企业中的级别越来越高，这项能力就越发重要。而缺乏此项能力的人，往往会在达到某个级别之后就停滞不前，无法继续迈向更高的级别。你不仅要积极获取各种信息，还要善于将之提炼为极具价值的要点。如果你能通过提供清晰、关键的见解来帮同事解决棘手问题，那么你将因此获得丰厚的回报。如果你能将此项能力运用娴熟，就意味着你能以各种方式向人们提供有价值、有可操作性的见解，例如，向同事介绍一个十分吸引人的战略计划，通过动员讲话激发团队斗志去努力实现新愿景，针对某项需要大量启动资金的新计划，与企业的首席执行官进行集中讨论。如果你能向企业各个层级的人提供有价值的信息，以此来发挥影响力，那么你就不会被埋没。在我们所研究的案例中，有一名高潜力人才正是因为向其企业中的 100

名最高层领导者做了一次有关复杂战略决策的演讲，从而大受赏识，并获得一系列晋升机会。

你清楚各层级的人需要了解哪些信息吗

如果你擅长化繁为简，那么这意味着你清楚地知道企业中各个层级的人需要了解哪些信息，其中包括你的直接下属、上级以及同事。如此一来，你便能为每个利益相关者量身定制他们需要掌握的关键信息，并能将这些信息以一种有意义的、具有可操作性的方式呈现出来。

对于你的直接下属而言，他们关心的是在你分配的诸多任务中，哪些是需要优先处理的事项。他们想知道你的焦点任务是什么，以及他们如何才能更好地协助你完成此类焦点任务。此外，他们还希望感受到来自你的鼓励和信任。

同事通常感兴趣的是你的团队的特定目标、与他们的团队有直接联系的目标，以及他们在与你的团队的合作中能获得的益处。你需要向同事们明确所有权，划清项目之间的界限，确保双方在各自应承担的责任上达成一致。例如，双方的项目中有哪些事项并不在项目计划范围之内，双方各自拥有什么权限或资源？对于工作中的交集部分，你必须向同事阐明双方应该如何有效地开展合作，以及如何避免造成重复性浪费。除此之外，他们最想知道的，还是与你合作能给他们带来什么益处，以及你想从他们那里获得什么益处。

上级最关心的则是你是否清楚各项事务的优先等级、知道自己需要哪些资源，是否明白自己应达成哪些阶段性的关键目标、了解任务的潜在障碍，是否对解决此类障碍有一定的计划。上级还想知道，你是否完全理解你的任务和计划将会影响他们及其上级的工作安排。对于上级要求你解决的问题，你要展示出清晰的思路，提出令人信服的解决方案，并确定详细的实施步骤。

最后，关于你的工作将如何影响企业的项目进程，高管们希望你有清晰透彻的思考。此外，他们还希望你能够展现出具有高管潜质的工作风格。当你向企业的高管汇报工作时，你要认识到他们关注的重点会有所不同。当他们评估你所陈述的内容时，也会考量你的其他素质，例如，你是否具有高管气质，你对挑战性问题的反应能力，以及你是否能从企业的视角去思考问题。他们所考量的各项能力，可能与你们正在沟通的事项无关，他们只是在评估你将来可能会成为什么类型的领导者。即便你在沟通之前做过计划，仍然需要做好应变准备，因为此类评估会议随时可能转移主题。

一些有才智的员工虽然刚开始能够获得晋升，但往往由于无法以简明扼要的方式来表达见解，无法继续向企业上层走。有时，他们会迷失在海量数据中。这种由过度分析而导致的迟迟无法做出决策的现象，我们称之为“分析瘫痪”（analysis paralysis）。有时，他们过于缜密的分析也会令人感到难以接受。无论是哪种情况，他们都因为无法将信息化繁为简，从而不能清楚地表达见解。

在本章中，我们会以真实案例来阐述化繁为简的能力将如何使你脱颖而出。随后，我们还将探讨化繁为简所包含的基础技能，以及你应该如何培养此类技能。对于应该如何在极短的时间内对沟通对象的问题做出反应，我们也将给出一些指导意见。尤其是当一位高层领导者突然向你抛出一个探究性问题，旨在评估你是否具有化繁为简的能力时，我们会告诉你应该作何反应。

把握关键时刻

不久前，我们参与了一个大型企业的领导力培训计划，该计划旨在培养下一代高管人员。入选该计划的员工均表现出有望成为高管的潜质。虽然这一计划包含旨在提高参与者知识和能力的传统课堂学习部分，但真正考验参与者的地方在于该计划的实践学习部分。实践学习部分提供了一个待开发的商业项目，而参与者需要针对该项目向高层领导者陈述应该如何开展它。高层领导者将基于参与者的陈述内容，决定是否视其为高潜力人才。此类项目在领导力培训计划中十分典型，因此，当企业邀请你参加类似培训计划时，你应该格外注意这些项目。当你需要向高层领导者进行陈述时，无论是在何种场合、基于何种案例，都不可掉以轻心。

当来到该计划的实践学习部分时，参与者被分成了两个团队。两个团队面对同一个商业项目——为新兴电动汽车产品线开发出一种新的商业模式。该任务涉及收集竞争对手数据、分析消费者偏好、设计最佳生产战略和市场推广战略，同时还需考虑到企业的特定局限。每个团队都有 20 分钟的时间来进行陈述。倾听陈述的考核官包括来自各大事业部的负责人、职能部门高级副总裁，以及人力资源部门主管。

两个团队可以自行决定陈述的方式，但只有一个团队的想法会得到认可。因此，两个团队处于竞争关系。每位团队成员都要做陈述，考核官会依此来评估他们的思维是否清晰、他们能否将其他人所陈述的内容联系起来，以及他们的观点是否具有说服力。换言之，通过这种活动，参与者是否拥有化繁为简的能力将一目了然。

每位团队成员都与主要利益相关者建立了密切关系，收集了大量数据，并通过合作完成了陈述。当他们在陈述时，我们发现，两个团队采取了截然不同的方式。名为"Vypers"的团队率先进行陈述。为了体现他们对所收集数据的深刻理解，该团队制作了一份长达56页的演示文稿，详细地介绍了他们的发现，并提出了解决方案。演示文稿开篇讲述了汽车的历史、汽车电气技术在早期发展中的趋势和挫折，随后阐述了消费者的选择偏好、未来的新型设计、一些正在审议的法案可能对该项目造成的影响，以及主要生产模式失败之后的替代设计方案。最后，他们甚至还给出了一份"Vyper电动汽车模型"营销方案。

这次陈述不可谓不详细。如果是在课堂上用作案例分析，或者在开展大型内部活动之前用作详情介绍，这份陈述可能会起到十分不错的效果。可惜的是，当第一位陈述人科德尔开始陈述时，几位高管就开始质疑起这些信息。会议很快就变成了双方对事实的辩论会。然而，第二位陈述人米拉并没有根据现场情况对自己的陈述内容做出调整，而是按原计划深入探讨了与消费者趋势相关的数据。这导致双方的交谈方向再次发生改变。这一次，几位高管对团队所采用的数据收集方法是否合适提出了质疑。10分钟后，团队的陈述时间用完了，而剩下的两名陈述人还没来得及发言。结果，该团队甚至连设计方案都未能陈述完，更不用说营销推广方案了。

第一个团队过于注重细节、未能把握好节奏、行事过于刻板，导致他们的努力失去了意义。虽然他们在基础数据收集和相关见解汇总方面做得十分出色，但他们化繁为简的能力并不符合高管对未来管理者的要求。最后，高管们认为该团队未能提供有效解决方案，团队全体成员也因此无法进入高潜力人才库。

随后，第二个团队"Renew"进行了陈述。该团队虽然收集了与第一个团队类似的详细数据，却采取了一种完全不同的陈述方式。团队成员们制作了10页精简的演示文稿，其中反复提及了使用太阳能技术来解决可再生能源平台的信息。每位陈述者都有 5 分钟的时间来讲述几张演示文稿的内容。对于一些类似于 Vypers 团队所陈述的关键要素，如消费者偏好、生产难点、监管环境、营销计划等，他们同样提出了一些建议，但其叙述方式更为简练有序，也更有说服力。

戴维、埃米及 Renew 团队的其他成员都轻松地讲完了他们各自负责的内容，传达了关键信息，并在规定时间内完成了陈述。他们以“革新”为主题，并将该主题贯穿整个陈述过程，同时并未过多地使用之前所收集的数据。然而，在每次使用数据时，他们都确保此类数据能够体现出自己的精准见解，没有因为数据分析而迷失方向。他们以简单的图示、精准的表述，生动地阐明了内容的关键点。不仅如此，他们还准备了许多备用信息。

当他们陈述完之后，参加会议的高管们对 Renew 团队产生了极佳的印象，并决定采纳他们的方案。Renew 团队的所有成员成功展示了他们化繁为简的能力，企业也因此将他们视为未来高层领导者的潜在人选。而上述两组团队成员之间的最大差异，就在于化繁为简的能力。

你可能会想，通过这种流程来选拔高潜力人才是否有失公允。毕竟，仅凭每位成员仅有几分钟时间的一次集体陈述，就决定是否将全体成员评为高潜力人才，这种方式似乎有点极端。如果团队中除了你之外皆是庸才，那你该怎么办？假如你是 Vypers 团队的一员，你能否使你的陈述部分出彩呢？正如很多时候，与招聘经理的一次共餐就会决定你能否入选企业领导层一样，一次陈述会议同样能够对你的职业发展起到推动或阻碍作用。对于大型企业而言，团队合作不可避免，尤其是在解决复杂问题的时候。团队成功与否，决定其成员成功与否。虽然在职业生涯早期，你的个人成绩对于能否获得晋升十分重要，但是随着你在企业中的级别不断提升，团队的成绩开始变得更加重要了。高层领导者通常认为，如果团队成员无法协同合作、产生令人信服的观点，那么他们就不具备集体认知能力。无论你是否对团队陈述的整体水平负有直接责任，它都反映了你的领导潜力。

你可能想要通过无声地指责队友，使自己摆脱糟糕的结果。我们观察到一些高潜力人才在职业生涯后期犯过类似错误。当整个团队面临失败时，有些高潜力人才试图将自己撇得一干二净，与队友脱离关系。这种行为只能证明一点，那就是你既不诚实，也不具备领导能力。

3 步掌握化繁为简的技能

如何才能掌握化繁为简的能力，获得具有战略性的新见解，并将此类见解有效地传达给相应的利益相关者？实际上可分为 3 个简单步骤：第 1 步，收集数据；第 2 步，融合成见解；第 3 步，学会讲战略性故事。在面对大多数问题时，你都可以通过上述步骤来解决。

通常来说，这 3 个步骤要按顺序进行，但有时也存在需要重复的情况。例如，如果某些见解产生了新的问题，那么你就需要收集新的数据来回答新的问题。不妨自我评估一下，你在每个步骤上能取得什么样的表现，哪些步骤上的技能还有待提升。接下来，我们将阐述如何提升每个步骤相应的技能，以及如何避免其中的误区。

第 1 步：收集数据

收集数据这一步，包括识别现成信息和新信息。一位普通的管理者可能只会收集现有资料，借鉴自己积累的经验来做出判断。然而，一名高潜力领导者则会从更广泛的视角去收集和处理数据。

比如，如果上级问你："如何在企业内部建立创新文化？"那么你需要深入了解企业的研发部门（知道企业正在进行什么样的创新）、人力资源部门（了解企业如何培养创新人才、如何奖励员工的创新之举）、信息技术部门（清楚企业拥有哪些系统和技术是可用于支持企业内部创新共享和构建创新网络的），以及销售部门（调查一下客户是否购买了你们的创新产品，以及他们更愿意购买哪种创新产品）。你还可以去收集其他类似企业的一些创新案例。如果你收集的信息范围过窄，就表明你不具备战略性视角。

能够成为一名高潜力人才，不仅意味着你对学习持有极大的热情，还意味着你对知识持开放态度。这种开放的学习态度，不仅限于当前的岗位、职能部门乃至企业层面所需的知识。随着你不断晋升到企业的高层领导岗位，你的其他学科知识水平的重要性将不断凸显。如果你在运营岗位上，不妨订阅《广告时代》（*Advertising Age*）和《经济学人》（*The Economist*），这样你就可以更加了解相关业务，并对整个行业有更深入的理解。如果你从事金融行业，那么最好对业内新兴技术或研发情况做到心中有数。你要深入了解监管环境中有哪些极具影响力的趋势和因素。同时，你还要仔细思考上述各种信息会对你的工作和业务职能产生什么样的影响。

萨姆是一名高管，他的职业生涯始于运营部门。萨姆拥有工程硕士学位，并对金融、技术和信息系统等其他领域保持着极其浓厚的兴趣。正因如此，某一天，企业突然给他提供了一个新的岗位。该岗位的职责在于推动信息平台的设计，而该信息平台需要整合整个运营职能部门的数据系统。由于萨姆不仅拥有工程学术背景，而且通过自学掌握了财务和信息技术相关知识，他因此成为该岗位角色的完美人选。当他花了 3 年时间成功设计并推行了新的信息平台后，企业又向他提供了另一个领域的岗位，这次是人力资源领域。

如今，萨姆已经成为一名高级副总裁，正在负责一项与全球人力资源系统优化相关的变革任务。他还一直在探索机器人技术，并开始尝试将机器人技术应用到实际工作中。由于呼叫中心的工作具有高度重复性，所以他正在尝试利用机器人来缩短此类工作的服务响应时间。萨姆自己也没有想到，他对诸多领域的浓厚兴趣，直接影响了他的职业生涯。由于具有这种整合不同领域的数据和见解的能力，萨姆已成为企业的宝贵财富，他正在迈向更具战略性的高层岗位。

和萨姆一样，你可以通过锻炼发展此项能力。高潜力领导者非常清楚从哪里能获得其他地方无法获知的数据，需要询问哪些问题，以及如何利用人际关系网络来获取信息。因此，下次当你遇到新问题时，不妨按以下几点，从更广泛的层面上去收集数据：

- 除了已经拥有的信息之外，我还需要从基础层面收集哪些信息？如果是从各职能部门的角度来看待这个问题，我会想要知道哪些信息？如果是从首席执行官和上级的角度来看待这个问题，我又会想要知道哪些信息？
- 还有其他哪些因素可能会影响该项目或目标？随着形势不断发展，这些因素将会对流程、人员、企业或者外部环境产生哪些具体的影响？
- 对于每个主题领域，我是否拥有具有足够深度的信息？我是否知道我需要什么样的信息以及从哪里获取信息？
- 还有哪些地方是我应该考虑但尚未考虑到的？谁能够帮我从不同角度理解我所面对的情况？在我所面对的各类问题上，谁是当之无愧的专家？谁能够对这种情况产生新的见解？

在收集数据方面还要注意切勿踏入几个误区。首先，作为高潜力人才，你仍需要确保按时完成任务并获得好的结果。如果你花费太多时间去收集数据，这将分散你的注意力，导致你无法取得优异成果。你需要找到合理的平衡。其他误区还包括：

- 你认为自己已经掌握许多信息，但实际上并未掌握那么多。在收集数据的时候，大可向别人询问你不清楚的信息。这点很关键。如果你认为自己知道了一些信息，但实际上并不十分清楚，那么到头来只会自讨苦吃。因此，在做准备工作时，切记要严谨。
- 过于依赖他人，让别人替你思考。虽然你不可能做到事事尽知，但你不仅需要确保你和其他成员清楚各自的责任和权限，还需要努力推进自己负责的部分。如果计划涉及团队合作，那么你一定要尽可能去影响团队整体的方向，带领大家前进。不过，切勿大包大揽。
- 过于依赖你已经掌握的信息。警惕出现“我有这方面经验”这样容易懈怠的想法。如果所处的情境和商业环境中的某个关键因素发生变化，或者人员构成有所不同，都可能导致结果发生变化。因此，你要明智地利用过往经验，但也切勿以此为借口不去做好调查工作。
- 过于广泛、深入地涉足了最终可能是无关紧要的领域。当你在收集数据时，需要在广度、深度同速度、相关性之间取得平衡。许多人因为过度依赖自己的专业知识，过于深入地收集与之相关的信息，从而被认为知识面过窄、信息量有限。而那些信息涉猎面过于广泛的人通常又被视为过于肤浅。不妨思考一下“取样”的概念。你需要获取足够的信息来帮助你理解任务，并且更深入地了解可能会影响你思考的地方，或者你知道高级利益相关者会感兴趣的地方。但是，总的来说，你要根据你的任务，明智地决定此类调查和数据收集工作的具体范围。如果你不知道什么程度才是理想范围，不妨去咨询一下见多识广的同事和上级。

第 2 步：融合成见解

当你拥有所需的所有数据之后，就进行第 2 步——融合成见解。强大的化繁为简的能力是指你能将数据纳入框架体系之中，利用适当的方法（如统计技术、主题方法、财务建模、大数据分析等）对其进行分析，然后转化为具有整体性、集成性的内容。简而言之，你需要将数据转化为最终会影响行动的见解。

除了要对信息进行汇总、统计和叙述之外，你还需要理解各种不同的信息，在信息之间建立起联系。这项能力至关重要。仅仅获得所有的关键数据，并不意味着你知道如何处理这些数据、在数据之间建立起联系。

在这个阶段，要么创建新的假设，要么测试现有假设，抑或二者同时进行。在这个步骤中，你需要理解的不仅仅是数据及其之间的各种关系，还需要从信息中生成见解，并利用这些见解来制定具有可行性的决策。这一步看似简单，实则很难。对于应该如何处理、分析数据，对数据进行加权，并转化成见解来制定相关决策而言，信息在来源、质量和时效性等方面的差异都会产生重要影响。

假设你希望提升某款关键产品的销售额。从商业角度来看，你需要考虑的是什么关键因素会产生最大影响。虽然你可以采用多种方式来提升销售额，但实施它们的成本及其复杂程度并不相同。因此，你需要利用以数据为基础的见解做出选择。当你向各个职能部门获取信息时会发现这样几种情况：营销部门的消费者调查数据表明，如果聘请最近流行的青少年偶像作为新的形象代言人，可以提高品牌知名度，从而促进销售。来自生产团队的数据表明，就现有生产设备的规模而言，工厂的产能已经达到最大值。来自运营部门的意见是，如果在 4 个主要工厂分别增设一条生产线，便可以将产能提高 25%，从而满足提升销售额的需求。而以创新为重点的研发部门给出了不同的意见——针对消费者偏好口味的研究表明，榛子即将成为新的热门口味，因此，想要提升销售额，他们认为需要增设一条榛子口味产品生产线。当你将各个部门的信息纳入考量，并在信息之间建立起联系之后，你决定在短期内增设生产线，并会长期推动研发部门的计划，同时要求市场营销部门与最近流行的青少年偶像签订合同，约定新口味的产品上市期间，请该偶像做形象代言人。如此一来，任务就圆满解决了，对吗？非也。

两年后，在工厂设备、市场营销和研发上花费了数百万美元之后，销售额却没有增长，反而下降了。这是为什么呢？这是因为，虽然来自各个部门的所有数据和信息都是准确且重要的，但事实证明，此类数据都不是解决问题的关键。

销售团队和销售激励机制就摆在你面前，你却找不出销售额下降的问题症结。问题的关键在于，企业前不久调整了薪资结构，对超出销售目标的奖励金额做出了限制。虽然此举在当时看起来似乎是一种节约成本的明智做法，但是它直接导致了销售额的下降。而你并没有将销售额下降的结果与薪资结构变化联系在一起，因为薪资结构的调整属于人力资源部门薪酬补偿组的管理范畴，不属于生产经营部门的管理范畴。也就是说，虽然数据和关键因素就摆在你面前，但每个部门都有各自极具说服力的数据和见解。因此，即便当时能够在各种信息之间建立起联系，你也很难确定是否找对了方向。想要找到问题的真正根源，你需要从更广泛的视角去获得见解。

你当然不希望看到自己辛辛苦苦收集的数据所得出的见解，最后被证明完全找错了方向；或者发现自己从一堆毫无意义的数据中得出了一些只具有统计显著性的结果；又或者通过所得到的见解制定了导致利润或业绩下滑的错误决策。在信息之间建立联系时，既要保证方向正确，又要做到协调统一。以此为基础，你才能进一步去寻找解决方案。

不妨先来测试一下你化繁为简的能力。如果你收集数据的能力十分出色，那就能确保团队成员或者其他利益相关者能够理解你收集的信息，并能在其中建立正确的联系。化繁为简的能力出色，还意味着你能够精准地知道应该分析哪些数据以及如何分析这些数据。无论你是在小团队中工作还是负责大型企业的运营，都是这个道理。高层领导者在与初级人才合作时，往往会观察他们是否具有化繁为简的能力，因为这项能力是高潜力人才的标志。如果上级询问你以下问题，那就证明他正在测试你化繁为简的能力：

- 我对你的发现很感兴趣。你能详细说说你是如何得出这些结论的吗？哪些发现让你感到惊讶？对于这些发现，你有没有什么新的看法？
- 在你分享的信息中，我没有看到任何支持数据。你有相关数据吗？
- 你是否考虑过各种信息之间的其他联系？你为什么决定不分享出来？
- 你是从怎样的假设、想法或者关键问题着手的？最终得出了什么结论？是什么导致你放弃了某些想法？
- 你做出了何种假设？这些假设的来源是什么？你的所有假设都是基于直觉吗？
- 你是如何从 X 推想到 Y 的？当时是如何思考的？你为什么会思考这些问题？是什么让你改变了原来的观点？

- 你有没有考虑过 XXX？为什么？
- 如果我告诉你，我自己收集的数据与你的结论正好矛盾，你该怎么办？

你的职位级别越高，对于此类问题，越要深思熟虑后再回答，因为这将影响别人对你的战略思维水平的看法。总之，想要出色地完成这一步骤，你需要将技术（数据管理和分析方面）、智力（主题融合和分析方面）和自己独到的聪明才智（给任务确定具有操作性的关键见解）结合起来。我们还建议你每次作重要陈述之前，与一位值得信赖的同事通过角色扮演的方式，练习对于上述问题的回答。

除此之外，你还必须提升自己整合见解的能力。下面有 3 种帮你提升该能力的方法：

1. 学习数据分析技巧。尽可能深入地掌握统计学相关知识。即使你不擅长数学，也要对不同数据类型的属性有一定的了解。

2. 学习计算机语言。学哪种计算机语言都可以，如果你想进一步掌握编程技能，那就要学更多内容。Java、C++、Python 或 SQL 等，这些都能帮你整合各种类型的数据源。

3. 练习提问题的能力和对媒体各种调研结果进行评估的能力。你需要提出这样的问题："该研究的误差范围是多少""这些结果是否具有统计显著性，如果是的话，变量之间的关联性有多强""调研人员以何种方式证明变量之间存在的是因果关系或预测关系，而非简单的偶然事件"，等等。你不必成为一名统计学专家，但你必须掌握足够的统计学知识，才能判断某人的结论是不是基于错误的方法。以下建议可以帮助你磨炼整合见解的能力：

- 创建主题。培养创建主题或内容概要的技能相对而言较为简单。例如，你可以在媒体上选择一个热门话题，然后从不同来源去收集有关该主题的几篇文章。在阅读这些文章时，可以绘制一个简单的表格，填写上你读到的 5 ～ 7 个主题或专栏作家所提出的问题，以及其中牵涉的哲学问题和法律问题。之后，当你再次阅读每篇文章时，就在文章每次提及相关主题时，在表格内打钩。如此一来，你就获得了一个简单的分类表，并能通过自己的标记得知某个特定主题被提及了多少次。最后汇总之后，你就拥有了一份简单的统计信息。你可以对打钩的次数进行汇总，也可以对源材料的份数进行汇总。而关于如何选择汇总的对象，取决于哪个对象能产生最有意义的见解。对象不同，汇总的结果也会有所不同。
- 针对关键主题的正反两方观点，进行深度阅读。具体来说，要阅读文本、论文、案例以及相关网页。然后，以两个或两个以上的信息来源为基础，撰写内容概要。接着，将你的内容框架与他人分享，询问他们有何感想，并观察他们对概要中的论点有什么反应。在这个过程中，你要注意以下几个问题：你在进行概要总结时，是否照顾到了各个方面，有没有遗漏一些关键的见解和主题；对他人而言，你的总结是否具有说服力，是否全面。
- 财务技能。你需要使自己的财务技能达到中级或高级水平。这意味着你必须能读懂财务报表，知道如何分析损益表，理解资本化、外汇及资本市场模型等相关知识。你可以参加一些线上财务课程，也可以在企业中找一个能够指导你学习财务技能的人。

在将所有数据融合成见解时，你需要注意下列误区：

- 在数据之间建立虚假联系。通过篡改数据来支持你想要证明的结论，或使自己的结论更具说服力，这种行为不仅不道德，而且可能导致企业做出错误决定并由此受损，你也将因此遭到解雇或者面临更糟糕的局面。

- 在获取信息时，选择了错误的信息来源，或者遗漏了关键的信息来源。这可能会导致你无意中发送出一些信号，并在项目开始之前就形成了阻力。
- 分享了太多信息。在某些情况下，例如，出于行业竞争等外部因素或职场政治等内部因素，如果与他人分享过多的信息，可能会有风险。当你掌握的信息属于保密信息时，切勿无意中泄露出去，例如，企业正在决定是否合并等信息。也不要让上级获知他本不应该知道的信息。又如，一位更高层的领导邀你接受一份新的工作或者管理某个项目，而你的直接上级恰好想要亲自参与这些事情。如果上级对某些信息、数据或者决策产生了误解，你要留意他会有什么样的看法。在某些情况下，你可能会告诉上级一些道听途说的消息，例如，尚未最终决定的企业变革方案或者一款新产品的发布，但需要认清其中的潜在风险。
- 沉迷于不断收集更多信息。当信息收集到一定程度时，继续知晓更多细节也没有太大意义。若继续收集下去，不仅会减缓你完成任务的速度，还会让其他人觉得你犹豫不决，或者导致你无法在规定期限内完成任务。
- 不断从人际关系网中获取信息或观点。这一误区类似于“分析瘫痪”，在这里意味着“利益相关者瘫痪”（stakeholder paralysis）。在获取足够的信息或观点之后，你必须结束这个不断重复的过程，进行下一步。企业通常会认为，花太长时间从人际关系网中获取信息的人的性格犹豫不决，因此会将他们淘汰。

第 3 步：学会讲战略性故事

想要成为一名化繁为简的能手，最后一步，就要将你的见解转化为简单却极具说服力的故事，并以此来吸引相关人员参与进来，共同行动。沟通能力是对化繁为简能力的终极考验，也就是说，你必须将你已完成的所有工作整合成有力的叙述。

你需要准备不同版本的故事，并根据沟通对象来选择具体版本。比如，你需要针对某个鞋业企业岌岌可危的品牌线制定一个新的商业战略，那么，你能否将复杂的研究和见解转化成不同版本的故事，分别针对首席执行官、董事会、直接下属以及同事来讲述呢？能否为不同利益相关者量身定制不同的故事内容和讲述方式，对于你是否会被企业视为高潜力人才而言至关重要。

首先，你需要培养讲故事的技巧。将信息和见解整合成故事的能力，并不单单意味着拥有良好的口才或者能够多分享几个例子，写作及其他技巧同样重要。在对如何整合好故事这一课题做过广泛的研究之后，我们发现，最有效的叙述通常采用三段式结构，并且会强调企业所面临的基本挑战或困境，以及相关方案之所以能够解决这些问题的理由。

下列指导方针旨在帮你形成更具说服力的叙述，使你能够更加有力地讲述企业应如何面对挑战，以及为什么你的解决方案是最佳方案。

1. 描述你的方案旨在解决的问题或旨在抓住的机会。使用新闻业中常用的“开篇语”，即通过一两句极其吸引人的陈述，概括你的沟通对象所面临的挑战，清楚地阐明为什么你所提出的问题和你的沟通对象息息相关，为什么他们应该对这些挑战感到担忧或者兴奋。另外，你要用简单可信的术语来定义推动变革的关键驱动力，并以此为铺垫，进一步阐述为什么需要通过你的方案来解决问题。你还要利用沟通对象所熟悉的具体示例来说明此类驱动力是什么。

2. 阐述为什么说如果不采取任何措施，你所在的事业部或企业就会面临巨大冲突或挑战。如果企业没有采取你的方案，会导致什么样的局面，失去什么机会？关于这些问题，你要运用生动可信、便于沟通对象理解的示例来解释。

3. 针对“开篇语”中的问题，用具体术语来阐述清楚你的解决方案，并说明该方案将如何完美地解决这些问题。当然，你还可以将自己的方案与另外一种替代方案进行对比，以凸显替代方案的不足之处。最后，你需要总结你的方案在实施后会带来哪些可衡量的结果，并通过描述方案中的初始步骤来呼吁大家采取行动，促使相关人员积极参与进来。

4. 根据对象调整沟通方式的技能。无论你是一对一地沟通，还是面向一大批员工进行演讲，抑或是向高层领导汇报一份执行摘要，你都必须了解应该如何引起不同沟通对象的共鸣。你要根据沟通对象，随时调整沟通的内容、语速、语言、标志、框架和风格。一些表现不错的管理者之所以迟迟没有被提拔，常常是因为他们在沟通时不懂得根据沟通对象的不同反应去做调整。

下列方法能够帮你更好地判断沟通对象的反应，并据此做出调整：

- 在用演示文稿进行陈述时，尽量强调重点。切勿将演示文稿上的每个要点都读一遍。切勿迫使你的沟通对象按顺序阅读每条信息。这样做只会向他人表明你并没有真正理解自己陈述的材料，因而也无法就此展开深入探讨。你的沟通对象也会进一步将这种表现解读为你还没有能力与高管进行有效沟通。

- 在每次陈述之前，思考清楚你的特定沟通对象将会如何看待你陈述的方案。例如，上级优先考虑的是该方案对哪些因素产生的影响——成本、营收增长，还是风险缓释；你的团队成员最关心的是该方案对自己和其他人工作量的影响，还是谁应对方案的结果负责；当某些同事从运营角度去看待你的方案时，他们最关心的是不是如何才能最有效地为客户提供服务。因此，每次需要针对特定沟通对象展开陈述时，请先讨论他们最关心的问题。例如，与上级讨论该方案对成本的影响，与团队讨论该方案中每个人的分工和责任，与同事讨论该方案的效率问题等。
- 除非上级另有要求，否则，先阐述你想要解决的问题或者想要把握的机会，而不是直接叙述解决方案。如果你在陈述之前做了充分的准备，甚至已经与关键利益相关者进行了沟通，那么你就会知道，关于你想要解决的问题，大家存在什么样的共识。从共识出发，你就能从一开始便赢得一些支持。而如果你从解决方案开始陈述，则很容易引发关于替代方案是否同样有效的辩论。
- 在正式决策会议之前，与关键决策者进行一对一沟通。这种“预先沟通”的重要性强调得再多也不为过。预先沟通能使利益相关者熟悉你表达问题的方式，同时还能使你预测出他们可能会提出的棘手问题。某些利益相关者还需要一些时间来思考你阐述的内容，他们不喜欢在决策会议上猝不及防地获知某些新信息。我们曾遇到过两位高级客户，他们每次面对新想法的提出，都会持反对意见。因此，一定要在正式会议之前，给他们充足的时间去仔细思考你所提出的想法，否则他们将会阻碍新决策的产生。
- 询问对某些特定沟通对象了如指掌的同事。问问同事：这些沟通对象对你所陈述的主张可能会有什么反应？他们会询问什么类型的问题？其中哪些问题可能会否决你的主张？一旦确定这些关键性问题的答案，你就可以事先准备好具有说服力的应对方式。一名高潜力人才曾告诉我们，他每次做重要陈述之前，都会先与主要沟通对象一对一地沟通。他会利用开放式问题，征求他们对这些问题的看法以及他们认为合适的解决方案。然后，他会使自己提出的问题和相应的解决方案，尽量与主要沟通对象的看法保持一致。当他进行陈述时，会给出沟通对象之前与他分享的观点，甚至是原话。换言之，他是在用沟通对象的声音来表达问题、给出意见，这就使得对方难以对他的主张持反对意见。因为他的主张往往已经将他的想法和利益相关者的建议结合在了一起。在面对意料之外的问题时，这名高潜力人才也总能坦然自若。

- 进行陈述时，时刻观察你的沟通对象。尤其要注意他们的肢体语言：他们注意力是否集中，有没有心不在焉地往后翻看你分发的材料？每次切换演示文稿时，请大声提醒："我不打算讲述这张演示文稿上的所有内容，接下来，我只会概括一下上面的重点。"此举不仅能使你聚焦于你要传达的信息，也能使沟通对象将注意力集中到你的陈述上来，而不是去关注屏幕上所展示的内容。
- 观察一下，是否需要加快陈述的速度。看看人们有没有在往后翻看材料，或者是不是总在看时间、看手机。当你面对此类沟通对象时，你就要想清楚自己希望在会议上亲口传达的 5 个主要观点。如果大家正在往后翻阅材料，那么你就跳到下一个要点去讲，或者直接陈述摘要性主题。切勿依照演示文稿上列出的内容逐条阅读。如果高管希望讨论一些具有实质性的内容，而且已经在会议材料上读过某些内容，而此时你依然只是在照本宣科地将这些内容重新讲一遍的话，这会使他们如坐针毡。
- 观察一下，是否需要减慢陈述的速度。某些沟通对象可能需要花几分钟思考新的概念，才能完全消化吸收。如果你讲得过快，很难达到好的效果。他们会认为你在试图掩盖一些你不想深入讨论的内容，或是不尊重他们。

- 你要专注于提升自己沟通方式的灵活性，并培养出对沟通对象的观察力。

你需要在陈述过程中避免以下误区：

- 只关注短期或长期结果。虽然你提出的问题可能有一定的时间跨度，但作为一名高潜力人才，你必须克服时间上的局限性，从更长远的角度、更广阔的视野探讨问题。然而，如果你所陈述的方案仅着眼于未来，在当下不具有可行性，那么你的沟通对象可能会认为你只会纸上谈兵，与现实脱节。
- 过于深入地探讨了当前问题所属范围以外的领域。虽然你需要展现你的知识面和长期战略性思维，但如果在陈述时涉及太多其他领域，你的沟通对象很可能会认为你无法抓住问题的重点。在特定的企业文化中，你这样做可能会被认为极具创造力；但通常来说，最好不要在陈述中涉及过多的领域。
- 以错误的方式获取或分析数据。你必须先了解你所讲述内容的领域，然后据此获取正确的数据。如果你获取的数据或采用的分析方法存在重大问题，那么你的整个提案和陈述都会站不住脚，而且可能导致大家无法深入探讨下去。如果有高管出席决策会议，而你又陷入了这样的误区，那么你可能就会失去信誉，以后也很难挽回。如果这种错误出现在财务方面，则很有可能导致企业必须公开重申相关数据，而你也将失去晋升机会。因此，一定要格外小心，确保你收集、分析的数据和你的陈述是合理可靠的。
- 利用虚假数据编写陈述内容。如果你想要跳过分析数据和见解的环节，直接陈述方案，这当然可以。但是，如果别人发现你有数据造假的情况，那么企业就不会再考虑选你为高潜力人才。

- 过度聚焦于陈述，缺乏数据和见解的支持。如果你根据收集的数据拟定出陈述的框架之后，又不断将陈述内容塑造得非常不切实际，那么这无疑是在自毁信誉。

一名化繁为简的能手也会是一个信息全面、极具说服力的全方位沟通好手。你必须能够处理大量数据、得出关键见解，然后塑造出具有说服力的内容，从而使他人愿意参与进来，共同采取行动。对于一些不利于你所述方案的问题，你需要做好如何回答的准备。当别人发问时，你要及时调整想法、做出回应，不能简单地回复说："待我想想，稍后再答复你。"

接下来，我们将探讨高潜力人才 5 大关键能力的最后一项，即加速学习的能力。它不仅是其他能力的基础，还能进一步提升其他能力的水平。

THE HIGH POTENTIAL' S ADVANTAGE

高潜力人才的行动指南

1. 你需要拥有出色的化繁为简的能力，才能在复杂世界中为利益相关者争取最大利益。
2. 你要通过巧妙地收集各种信息中的见解，取其精华，据此提出关键的想法，安排好优先处理的事项，并做出最佳决策。
3. 要掌握化繁为简的能力，你不仅要培养出收集有效数据和寻找模式的能力，还要将你获得的见解整合成逻辑连贯的认知地图，并将关键信息整理成极具说服力的陈述。
4. 观察沟通对象的反应至关重要。你需要在决策会议之前就对他们有深入的了解。你需要了解他们判断事物的观点和准则，知道什么数据和论据能引起他们的共鸣。对于有可能不利于你的方案的问题，你需要事先就想到，并准备好如何回答。
5. 陈述的内容和方式，需根据不同沟通对象做出调整。

THE HIGH POTENTIAL'S ADVANTAGE

05

加速学习：如何将洞见转化成绩效表现

如果你拥有高潜力人才 5 大关键能力的前 4 项能力——情境感知、领导团队、全面把控、化繁为简，就与普通员工有了能力区别。第 5 项能力则是加速学习的能力，它能支持前 4 项能力的发展。

加速学习意味着带着目的去学习。也就是说，在学习时，你知道自己将利用所学内容来做什么，懂得如何运用见解和经验教训来提升绩效表现。这种学习之所以具有“加速”性质，是因为它能将你所学的内容转化成实际行动。高潜力人才通常具有极强的学习能力，并且知道该怎样应用所学知识使企业获益。

企业家埃隆·马斯克就有着超强的加速学习能力。马斯克拥有物理学和经济学学士学位，但在创办太空探索技术公司（SpaceX）时，他所掌握的相关知识其实还远远不足以使他创办一家设计、制造航天器的企业。然而，马斯克通过广泛阅读航天类的应用型教材，与航天行业内的重量级人物展开深入交流，自学了相关知识和技术。他对学以致用这件事保持着极大的热情。正是这种品质促使他创办了另一家企业——特斯拉，并从中获得了丰厚的回报。许多世界级运动员同样如此，他们通过加速学习将自己的表现不断推向新的高度。

高潜力人才的一个典型特点，就是能够从每项任务中学到一些新的东西。高潜力领导者甚至会将极其艰巨的任务视为一种推动力，或者是拓展新知识和技能的机会。他们喜欢尝试不同的想法，探索新的职能领域，积极进行测试并推动工作进展，而且都乐于接受艰难的挑战，以期实现个人成长、发展领导力。如果你是一名善于加速学习的高潜力人才，那就意味着你会始终致力于理解自己所处的环境，并能主动去塑造它。

自我提升 VS 晋升

美国一位年轻的营销经理迈克尔成功完成了最新的促销活动，于是企业决定将他视为高潜力人才，并邀其接受一项延展型任务。然而，迈克尔真正想要的是一次晋升，因为他认为自己的能力已经到位了。虽然他入职已有 2 年，表现优异，但企业并不想这么快就把他提升为总监。他的上级想知道的是，当他在不同文化环境中与新客户打交道时，能否取得类似成果。因此，企业决定将其派往西班牙，试试他的能力如何。企业告诉他，他仍会从事营销工作，但需要平级调动到西班牙，积累处理国际业务的经验。言下之意就是："等你出色地完成任务之后，我们再谈晋升。"

迈克尔刚开始自然对这个提议感到很失望。他知道这一新岗位的前任是一位总监，而他将得到的头衔却在前任总监之下。迈克尔并没有做出情绪化的反应，也没有拒绝调职或威胁要辞职，而是采取了更有分寸和开明的办法。他先咨询了同事和导师。根据他们的反馈，他很快得出结论：即使接受这次调职后，最终没能使他获得晋升，他也仍然能够从西班牙的经历中学到许多极其有用的新技能。此外，他还能通过深入接触更广泛的地缘政治格局和文化，拓宽自己的视野。于是，他决定接受该职位。当然，他也向上级表达了自己想要晋升为总监的职业理想，但他表达得十分隐晦，并没有过分强调。迈克尔不希望在别人的眼中，自己是一个总盯着晋升目标的人，而希望别人认为自己是一个专注于学习、致力于广泛发展自我能力的人。

迈克尔不只是向上级说一些态度正确的漂亮话，而是真心实意地以积极、开放的心态去面对新岗位。到岗不久，他就融入了西班牙分部，并发现了两国业务之间的细微差别。他也很快明确了在西班牙处理业务时，能够借鉴在美国积累的哪些业务经验。他还展现出极强的文化适应能力，通过观察他人改变了自己过于直接的美式沟通方式，来适应西班牙人的沟通方式。他还与周围人建立起了良好的关系，甚至成为一个足球粉丝，与同事一起参加当地的足球比赛。当然，他在工作上同样做到了尽心尽力。最后，通过借鉴他在北美市场上累积的知识和经验，迈克尔成功提升了当地市场营销的业绩水平。9 个月后，企业将他提拔为营销总监。

迈克尔展示出了加速学习的能力，向上级证明了自己在全新的商业和文化环境，在与不同的客户打交道时，同样能够获得出色表现。他接受了平级调动，将自己所学的新知识快速转化为行动，最终获得了晋升。如果当初他选择辞职，那就无疑是在告诉别人，在他眼中，职位晋升比自我能力提升更加重要。如此一来，他就永远不可能获得晋升。

从每一次经历中学习新知识

安杰莉卡是一家航运企业的明星员工，主要负责企业在拉丁美洲的业务。像迈克尔一样，她也需要积累一些其他经验。于是，企业将她调去了位于美国得克萨斯州的总部，让她担任运营部的高级经理。她主要负责制定关于安全和质量的政策和指导方针，同时还需要学习企业文化。虽然她乐在其中，但是无法适应总部的职场政治斗争和工作风格。于是，她暗暗决定在

18个月之内就返回拉丁美洲。虽然她工作表现良好，但是并没有取得惊人的成绩。因为她无法真正融入该岗位角色，她的工作能力也受到一定程度的质疑。之前有许多支持者曾对她抱有很高的期望，认为她将来能够成为运营部门的领导者，但很明显她没能做到。

当她再次通过平级调动回到分部后，她开始以不同的方式处理工作。她对企业的运作方式有了新的认识，这使她对于自己在当地分部的职责和定位有了更加全面的把握。而且，她对企业总部的运营职能部门如何规划质量议程也有了更加深入的了解。如今，她能够以同事们无法做到的方式在上述事务之间建立起联系，并能影响拉丁美洲区域的领导者，使他们与整个企业的团队开展合作。她还知道在遇到困难时，应该向企业总部的哪些人寻求帮助。她与那些乐意为她提供见解和“空中支援”的高管保持着良好的关系。没过多久，职能部门的高层领导就见识到了她的影响力。

总之，在回到分部之后，她发挥了自己加速学习的能力，并取得了更加优异的表现。6个月后，她获得了晋升。企业给她提供了一个负责更大区域的运营岗位，并确定她为高潜力人才。如果你现在问她关于之前职场经历的感想，她会这样告诉你：虽然那次被派往总部的任务较为艰难，并且她所获得的成绩也乏善可陈，但从那次经历中，她学到了很多东西，而这正是使她成为一位更具影响力的领导者的原因。

通过反思安杰莉卡和迈克尔的经历，我们给你的建议是：**如果想成为一名高潜力领导者，你就必须从每次经历中学到新的知识或能力，并在整个职业生涯中保持不断学习的状态。**你要始终认定一件事，那就是无论每次给你的任务是什么，你都有新的东西需要去学习，例如，掌握新的技能，学习新的知识，积累新的经验，完成新的挑战，以及进一步完善和提升领导能力，等等。

对于那些在新的情境中你必须掌握，却又不太擅长的技能，你需要刻意去练习，同时要将自己的核心优势保持住。当下此刻，你就要尝试以各种方式去获取知识，为你的目标岗位角色打下基础。正如美国森普拉能源公司（Sempra Energy）前任首席执行官德布拉·里德（Debra Reed）所指出的，要尽早开始获取对企业中高层领导者而言至关重要的知识：

> 虽然我在大学读的是工程类专业，但自从进入这个行业，我就认识到了一点，那就是在这个行业中了解如何赚钱是很重要的。职业生涯早期，我曾在人力资源部门负责制订薪酬计划，然后将计划方案直接提交给企业的首席执行官。因此，我必须与会计长和首席财务官展开密切合作。我是发自内心地想要深入了解各项财务指标的计算方式，所以我投入了大量的时间，去向会计长讨教关于年度报表和季度报表的知识。我想深入了解其中的关键因素和风险。每当企业的季度报表出炉时，我就会花上几个小时的时间去反复研究，而这个习惯我已经维持了很多年。我还在企业外面报了财务相关的课程。可以这样说，我为了掌握这些知识，用尽了千方百计。一直以来，我都十分重视学习，而不想仅仅停留在表层的了解上。只有深入学习才能带给你无限的发展空间。如今，我也在不断寻找致力于实现自我提升的人。我要找的是那些即便尚未获得机会，但依然选择一往无前的人！

一切始于多样化学习

在你的职业生涯和个人成长过程中，你能够并且也应该从每一天、每一次的经历中都学到一些东西，这种学习能力就是加速学习。书本知识固然重要，但同样重要的是，你要能对周围发生的事进行深入观察，获取、整合新的信息，并相应地调整你作为领导者的行为。不妨从多样化学习的角度来思考这一点。你所掌握的学习方法越多样化，那么你在个人生活和职业生涯中获得成功的可能性就越大。反之，如果你不愿意学习，或者无法将所学知识应用到实际中去，那么你将会遇到许多困难。

我们在工作中经常看见一种现象，有不少人实际上已经停止了学习。无法通过学习来掌握新的必备知识或技能，这一点往往是人们没能长期保持高潜力人才地位的原因。随着你在企业中的级别越来越高，一次次的成功带来了一次次的晋升，你的业绩记录会使你认为自己已经掌握了成功的诀窍。这种心态会导致你低估新的要求，或者更糟糕，你甚至可能意识不到自己正在面临一些新的要求。结果你停止了学习，最终在职业上频繁遭遇困难或停滞不前。

摩根·麦考尔（Morgan McCall）在《培养下一代领导者》（*High Flyers*）一书中指出："遗憾的是，人们通常会喜欢那些阻碍他们成长的事物。人们热衷于发挥优势，想要快速获得出色结果，而不怎么喜欢去培养自己今后长期所需的新技能。人们乐意相信自己的优点名副其实，而缺点则并无大碍。人们不喜欢接收负面消息或批评。这是因为当人们试图跳出舒适区、去掌握新的知识和技能时，就往往意味着他们需要面临巨大风险。"

在对高管的失败案例进行研究时，迈克尔·隆巴尔多（Michael Lombardo）和罗伯特·艾兴格（Robert Eichinger）指出，对于这些不学习的人而言，他们之前的优势逐渐变成了沉重的累赘：

> 在深入研究此类高管的行为模式之后，我们发现，他们在职业生涯早期发挥自己的优势时，这些优势的确能够使他们获益。然

> 而，随着他们过度使用这些优势，优势也就逐渐变成了缺点。那些聪明的高管认为自己才智过人，不会听取他人的意见；那些做事有条理的高管逐渐变得过于注重细节，从而丧失了大局观；那些极具创意的高管，往往会因为接手太多事情而无法创新；那些拥有铁腕手段的高管，则往往因为不懂得权力下放而无法构建一支健康高效的团队。

在我们研究的案例中，一位晋升很快的高潜力领导者之所以后来频频碰壁，正是因为他的最大优势随着他的晋升而逐渐变成一种缺点。在科尔所在的企业，人人都知道他是重建型任务的卓越领导者。30 多岁时，他就已经非常成功地领导了 3 次重建型任务。每次成功都使他在企业的高潜力人才名单上的排名更靠前。他即将成为企业最年轻的高管。在完成第 3 次重建型任务之后，他首次获得了总经理的职位。然而，他在之前任务中培养出来的“火速救急”式领导风格，在新的岗位上却产生了相反的效果。

在新的岗位上，科尔未能顾全大局，也没有将工作重点放在营利增长机会上，而是习惯性地集中精力去处理短期内看似紧急的战术问题。由于他不习惯从长远的战略角度去思考问题，因此他并未对新产品进行投资，而是选择对成熟产品进行微调。在科尔步入新岗位的 8 个月之后，他的直接下属开始越级向他的上级抱怨。他们认为科尔一直在进行微观管理，而且并不具备真正的战略视角。在年终评审中，科尔了解到，企业已经不再视他为高潜力人才。而恰恰是在之前 3 次任务中使他屡获成功的领导风格，导致了他这次失败。

但是，科尔是一个加速学习者。在经历了这次重大挫折之后，他开始调整自己的状态，集中精力学习如何将权力下放给下属，以及如何培养自己的战略视角。2 年后，企业重新将科尔视为高潜力人才。而这一切都得益于他深刻的自我反省、长期的努力实践，以及对建设性反馈意见所持的开放态度。

当隆巴尔多和艾兴格研究高管的成功案例时，他们发现，一直保持高潜力人才状态的高管与失去高潜力人才身份的高管在行为模式上存在着显著的差异。例如，前者会向他人征求更多反馈，询问他人如何看待他们，以及了解他们还需要做些什么才能获得更好的表现。而且，前者接手的任务使他们经历了各种类型的领导力挑战，挑战的种类、数量大概是后者的 2 倍。这无疑使他们适应了变化无常的职业生涯。从本质上来说，前者拥有更多的学习经历，这为他们提供了更多机会来培养更广泛的技能和视角。为了应对大量不熟悉的情境，他们不得不去学习新的技能，拓宽思维方式。他们不断学习新的能力，自然也就获得了优于其他人的表现。高潜力人才与其他人之间的核心差异在于，前者愿意不断学习去掌握新的能力，以使自己在困难的、不熟悉的乃至不利的情境中取得成功。

自我评估

如果你希望像安杰莉卡和迈克尔那样，从每项任务中学习新的东西，而不是像科尔那样让过去取得的成绩变成自己的绊脚石，那么我们建议你每次接手新任务时，都问问自己下列几个关键性问题：为了更好地适应新环境，我应该在哪些方面调整，以及如何做出调整？我必须培养哪些尚不熟练的技能？我需要获得哪些新知识？对于我需要掌握的具体能力，以及需要了解的处理问题的不同方式，谁能给我指导？我应该怎样应用这些新的知识和技能？当你开始将新的知识和技能应用到新情境中时，便是在锻炼自己加速学习的能力。

不妨使用小专栏"你是一位加速学习者吗"中的内容作为自我评估的参考。本章接下来的部分将针对如何培养加速学习的能力这个问题，给出具体建议。

高潜力人才的能力评估
THE HIGH POTENTIAL'S ADVANTAGE

你是一位加速学习者吗

当你在阅读下列问题时，不妨问问自己，问题中的描述内容是否符合你的学习行为特征。你给出的肯定回答越多，表明你越有可能是一位加速学习者。

- 在学习新事物方面，你偏好何种方式：是喜欢阅读、线下或线上课程这类正式学习方式，还是更喜欢导师辅导、自行积累经验这类非正式学习方式，抑或两种方式你都喜欢？理想情况下，这两种方式你都应该喜欢。你能否在不同类型的学习情境之间轻松切换？
- 当你完成一项任务、参与一次会议之后，是否会通过评估总结来确定自己从中学到了什么，以及了解一下如何才能将所学内容与已经掌握的知识联系起来，以备未来之需？
- 关于你在工作中表现良好之处和有待改进之处，你是否经常向其他人寻求反馈？对于这些反馈，你能否用心倾听并以实际行动做出改变？
- 关于你的天生优势和认识盲区，你是否收到过反馈意见？你是否制订了相应的解决方案，做到未雨绸缪？你知道应该在什么时候、通过何种方式来弥补你的缺点吗？
- 你是否会不断提升自己的优势，发展自己的机会领域？你是否经常在深思熟虑之后，去尝试一些新的方式和行为？你是否定期为自己设定学习目标？

- 你是否有一份正式的自我发展计划？当你实现目标之后，是否会及时更新该计划？
- 当你步入一个新的情境时，会用全新的视角来观察问题，还是会立刻采用过去使用过的解决方案和惯用的观察视角？毋庸置疑，前者才是加速学习者的特征。
- 当你步入新的岗位时，是否会深入思考其文化背景以及人们工作和沟通的方式，然后对自己的工作风格做出相应调整？你是否会寻找与他人之间的共识，建立良好关系？
- 你是否经常观察周围的商业环境和社会环境，从而了解自己接下来应该学习哪些知识和技能，以及如何以最佳状态去适应？
- 对于你的情商，其他人有何看法？你是否热衷于去了解他人的驱动力？你是否会仔细观察同事的肢体语言，并通过自己的解读来提升沟通效果？
- 你能否在每个特定的情境中判断出哪些人是关键人物？你能否撇开人们的职位头衔和专业背景，来观察、判断出谁在和谁对话、谁才是真正的负责人、谁又拥有最大的影响力和权力？你能否与关键人物建立起良好的关系，以便了解每个情境中的真实动向？

5 大策略培养加速学习的技能

你可以通过不断练习来培养加速学习的能力。具体可以从调整你的心态开始。我们所了解的高潜力人才，他们大都坚信持续改进的力量，无论是针对产品、流程还是他们自身。

高潜力人才似乎对现状中的缺陷和环境中的机会保持着更高的敏感度。当我们向一家专业服务型企业的合伙人询问谁是最有前途的年轻高潜力人才时，他们给出的人选全都是因推行某项独特计划而给企业带来极大发展的人。对于合伙人而言，一个人拥有高潜力，意味着他能够从更广泛的角度去思考各种可能性，而不仅仅是可行性。

高潜力人才之所以对机会更加敏感，是由于他们拥有强烈的好奇心和创新欲望，同时，他们还希望自己能给他人带来深厚的影响。然而，与想要深入了解所在行业的细节性知识的资深专家不同，高潜力人才更类似于全才，他们旨在推动整个企业向前发展。

高潜力领导者的好奇心非常广泛，这也解释了为什么有些人的岗位角色前后差别非常大。这种广泛的好奇心使高潜力领导者在变化无常的职业道路上如鱼得水。当他们从一个职能领域调往另一个职能领域时，必须快速研究新环境，他们必须通过多样化学习从各个角度观察环境中的线索，迅速将所学所悟应用于工作以及与他人的合作中去。对各种领域所持有的浓厚学习兴趣，同样也是高潜力领导者之所以拥有出色的化繁为简能力的原因。他们涉猎甚广，这有助于他们在各种信息之间建立起联系。

策略1：锻炼并培养出成长型思维

斯坦福大学心理学教授卡罗尔·德韦克（Carol Dweck）正在研究为什么有些学生热衷于向他人证明自己的能力，而有些学生通过学习过程本身就能获得足够乐趣。根据观察，德韦克发现，可以通过两种不同的思维模式对人们的能力进行分类。你所拥有的思维模式决定了你实现目标、应对风险和挫折的方式，而这两者都是全面把控能力中的关键性维度。

如果你相信个人能力难以改变，这意味着你拥有的是固定型思维，那么你更有可能想要不断证明自己："没错，我很聪明，我能取得成功。"然而，同时你也会害怕遇到真正严峻的挑战，因为你认为此类挑战会揭露你的不足。相比之下，如果你拥有的是成长型思维，那么你就会将严峻的挑战视为学习和成长的机会，并为之兴奋不已。因为你认为个人能力并非与生俱来，而是可以通过后天努力去培养的。你相信自己只要刻意练习、多加思考，就没有什么难得倒你。

德韦克还一语道破了成长型思维优于固定型思维的关键原因："之所以会有这两种心态，并不是因为有些人恰巧认识到了挑战自我的价值和努力的重要性。我们的研究表明，这些认知都源于成长型思维。当我们教授人们如何培养成长型思维、专注于自身发展时，人们自然而然就会认识到挑战自我、付出努力的价值。而当我们要求人们保持固定型思维，关注自身难以改变的特征时，人们很快就变得害怕挑战，并贬低努力的价值。"

正如前文所述，高潜力人才的成长型思维并非仅关注个人成长，而是一种想要进行创新和改善现状的强烈愿望，同时也是一种相信自己能够完成任何挑战的坚定信念。例如，在我们对高潜力人才的采访中，经常能够听到类似的话："变化使我成长。""我会不断问自己，还有哪些需要改进的地方。""通过观察，我发现了许多改进工作方法的机会。""我热衷于调动团队士气，让他们用不同的方式处理任务。""我喜欢创造新事物。""我最喜欢的任务通常涉及领导团队开展创新。"

管理学家吉姆·柯林斯（Jim Collins）在《从优秀到卓越》（*Good to Great*）一书中探讨了为什么一些企业能够获得更卓越的成就。他观察到，获得卓越成就的企业都有一个显著的特征，那就是它们都拥有某种类型的领导者，而正是这些领导者带领着企业一步步脱颖而出。此类领导者不仅谦逊，而且树立了牢固的成长型思维。这些拥有成长型思维的领导者之所以如此高效，是因为他们给团队和企业带来了巨大的影响。研究表明，拥有成长型思维的群体成员更愿意坦诚分享彼此的意见，并会以建设性的方式处理分歧。这就使他们在探讨问题时能够更加深入、更加广泛。他们能够从错误和挫折中学习，巧妙地改变策略和战术。他们既足够自信，又不盲目，这使他们比那些拥有固定型思维的人更富成效。在拥有固定型思维的群体之中，由于成员害怕暴露自身缺点，导致整个群体的效率不高，更是少有开诚布公的讨论。

在一项研究中，研究人员将某商学院的学生分为固定型思维组和成长型思维组，要求他们在复杂的企业模拟情境中完成任务。最终，两组学生的表现证明了心态不同，带来的结果也截然不同。在实验中，研究人员故意给两组学生设置了要求极高的生产标准，导致在早期阶段，两组学生屡次尝试后都无法满足要求。然而，拥有成长型思维的学生并没有因失败而停止学习。他们对挫折进行了评估，听取了反馈意见，然后再改变战略。尽管任务艰巨，但他们仍然保持着积极乐观的精神。最终，他们的表现远胜于拥有固定型思维的学生。拥有固定型思维的学生无法从挫折中吸取教训，因此也就无法调整战略，导致屡犯同样的错误。

一些研究人员认为，德韦克这种固定型思维和成长型思维的分类方法，对于尚处于职业生涯早期的人来说较为合适，但对于处在职业生涯中期的人或者高层领导者而言，并不符合现实。后者由于经验丰富，通常对自己的优势和机会领域有着坚定且清醒的认识。而且，在职场中，很难说心态和努力程度肯定就比实际成绩重要。在一个充满竞争对手的饱和市场中，想要通过更多的创新理念去提高销售业绩，这当然令人钦佩。然而，如果你无法落实计划，必然会因绩效表现不佳而受到负面影响。职场的现实就是如此，只有当你最终获得了成就，你的努力才会受到肯定。因此，随着你在职场中不断晋升到更高职位，成长型思维的局限性也就更加明显。话虽如此，但是如果你不以积极开放的心态去对待工作，不愿意接受反馈意见来做出调整和改变，那么也就不可能获得出色的成绩，甚至无法在任何事情上有所长进。显然，是否拥有成长型思维，不仅体现在你的个性和固有能力等天性之中，同样也体现在你迎接未来挑战的方式之中。

对加速学习者而言，成长型思维意味着以开放的视角去思考企业和人；意味着通过多种方式展开学习，并利用一切可以利用的机会去学习、去成长；也意味着利用新获得的知识和技能，去推动别人尚未改进或无法改进的工作进展。对加速学习者而言，确实有必要培养成长型思维。

策略 2：以乐观心态应对挫折

还有一个观点与德韦克研究的成长型思维相关，即乐观的心态能够促进人们学习。前文中讲述过迈克尔的案例，他在西班牙的新岗位上之所以能够取得成功，与他所保持的积极心态密不可分。此外，由于他还拥有其他几项关键能力，这也使他最终获得了晋升。乐观的心态能够给人带来诸多积极的影响，其中包括使人对学习产生兴趣。如果你认为前路拥有无限可能，那么你就更有可能想象出自己的成功，并真正获得成功。而如果你总是心态消极，那么你将很容易感到抑郁和沮丧，失去实现目标的动力，甚至无法满足一些基本要求。

在我们与许多高层领导者的交谈中，他们经常会谈到令自己印象深刻的高潜力人才身上所散发出来的积极能量。高潜力人才虽然性格各异，但本质上都是乐观的，无一例外。这种性格特征使他们拥有了一些关键优势。乐观心态不仅削弱了他们对失败的恐惧感，鼓励他们坚持不懈、不断尝试，而且使他们远离焦虑和过度思考的窠臼。比如，当你需要对新产品或服务的投资做出决定时，这个具有挑战性的任务是令你跃跃欲试，让你对结果满怀期待，还是你一心只想做出正确的决定，然而在决定之后又禁不住反复去纠结该决定是否正确？这都取决于你的心态是否乐观。

相比之下，潜力有限的人通常会更多地关注负面风险，尤其是那些可能会导致他们的职业生涯受挫的风险。因此，他们更倾向于寻找各种各样的理由，告诉自己或他人为什么应该维持现状，为什么某个问题难以处理，以及无法采取行动的责任在谁身上。在面临困境时，他们通常更加悲观，或者过于现实。当面对艰巨任务时，他们秉持的态度就是熬到任务结束、等待下一次机会，或者将任务无法取得进展的原因归咎于他人及外部因素。

宾夕法尼亚大学心理学教授马丁·塞利格曼（Martin Seligman）[①] 发现，悲观心态会导致人们过早放弃。即便在某件事情上获得成功并非难事，悲观主义者在面对严峻挑战时也很少选择坚持下去，因此他们频频失败。相反，乐观主义者往往会选择坚持不懈、不断尝试。塞利格曼研究了大量不同的情境中乐观心态的力量，其中一项研究就是关于乐观心态在一种特别具有挑战性的职业——人寿保险销售中所发挥的作用。此项研究与我们对高潜力领导者的研究工作有着异曲同工之妙。保险销售员每天绝大部分时间都花在给潜在客户打电话的事情上，而且这种电话推销十有八九会遭到人们的拒绝。由于这份工作实在令人沮丧，超过 50% 的销售员在工作一年之后就辞职了。对于那些坚持下来并取得成功的销售员，塞利格曼想知道乐观心态是否发挥了一定的作用。

---

① 知名心理学家，积极心理学创建人，美国心理协会终身成就奖获得者。塞利格曼在他的代表作《活出最乐观的自己》（*Learned Optimism*）中认为，乐观奠定成功的事业。能在有挑战性的工作中取得成功的人，都具有能力、动机、乐观 3 个要素。该书已由湛庐引进，由浙江教育出版社于 2021 年出版。——编者注

塞利格曼挑选了 200 名资深保险销售员，其中 100 名销售员的业绩非常出色，而另外 100 名销售员的业绩较差。随后他评估了他们的乐观程度。他发现，在入职的头两年中，相较于持悲观心态的销售员，持乐观心态的销售员达成的业绩要高出 37%。更令人吃惊的是，相较于悲观程度排在前 10% 的销售员，乐观程度排在前 10% 的销售员达成的业绩要高出 88%。因此，从长期来看，乐观心态的确是提升销售业绩的关键因素。

塞利格曼在大都会人寿保险公司开展的特别研究得出了更加令人惊讶的发现。在该项研究中，他选择了 100 多名未通过业内标准化测试、但在乐观程度评价中得分较高的销售员。然而，这 100 名销售员对自己参与了研究项目这件事毫不知情。那么，这些人究竟表现如何呢？相较于通过了业内标准化测试、但在乐观程度评价中得分较低的销售员，他们在第一年的业绩要高出 21%，第二年则高出 57%，甚至他们在第二年的业绩比其他普通销售员都要高出 27%，他们的业绩水平和通过了业内标准化测试并在乐观程度评价中得分较高的销售员相当。基于这些结果，塞利格曼认为乐观心态至关重要。虽然能力、动力和毅力都十分重要，但事实证明，随着时间的推移，不断遭受拒绝会对人产生巨大的负面影响。此时，乐观心态给人带来的恒心和毅力，对于一个人能否获得成功而言就变得非常重要了。想象一下，如果你是一位在大型的复杂企业中致力于推动变革的高潜力领导者，你将会面临多少挫折？乐观心态才是你最好的盔甲，它使你不断学习、坚持不懈。

乐观心态还能给你的团队带来积极的能量，使整个团队充满士气。高潜力人才带领的企业，往往能够以更坚定的信念、更充足的信心去积极应对极具挑战性的情境。一系列研究表明，企业中领导者的性格，能够对其他成员产生深远影响。如果领导者持乐观态度，那么他所产生的积极能量就能带动其他人，从而使全员在面对挫折时，能够以更加开放的心态不断学习、试验和创新。相反，如果领导者持悲观态度，那么团队成员会体验到一种挫败感，并以保守、怀疑的态度面对一切。

然而，高潜力领导者并非空想家。他们的务实心态使自己在保持乐观的同时脚踏实地。他们不仅会在处理问题时讲究战略方法，而且会对短期和长期内需要开展哪些步骤、如何应对突发状况等方面进行周到的安排。当高潜力领导者在带领团队开展变革时，通常会实事求是地向团队成员阐述他们在成功之路上将会遇到的种种艰难挑战。同时，他们也将展现乐观精神和坚定信念，使团队的全体成员坚信，他们能够实现既定目标并获得丰厚回报。

策略 3：提高自我意识和反思水平

在培养加速学习的能力时，有一项关键策略，那就是通过反思身处的情境和刚刚学习到的内容，来提升你的整体自我意识。事情发生完以后，很少有人从旁观者的角度去思考整件事情。无论是与上级的上级或者客户的一次短暂会面，还是一个为期 6 个月的项目，抑或是一次派往上海长达 2 年的任务，你都需要从中培养自己的反思能力。你要扪心自问："我在刚刚结束的会议中观察到了什么？为何会如此？会议是否取得了理想成果？如果成果不理想，是什么原因导致的？如果再经历一次的话，我会采取何种不同的处理方式？""我从该项目中学到了什么？有哪些地方我能做得更好？哪些地方我差点没处理好？""我经常展现出来的优势和缺点有哪些？我在哪些领域似乎有所长进？""任务伊始，我的目标是什么？是否达成了该目标？""今天的我为什么会采取那种处理方式？该方式将对我的工作质量和效率以及人际关系造成什么样的影响？"

此类问题能帮你增强自我意识，锻炼出从经历中学习的能力。如果你想要成为一名加速学习者，你就必须快速反思自己所经历的一切，总结提炼出需要的信息。有些人会用记笔记的方式来记录自己每日观察和反思的结果，手写或用电脑都可以。还有一些人记性好，能将此类信息全都记在脑子里。有些人在面对特定任务、发展特定能力时，会选择善于反思的合作伙伴。那些极其善于反思的人，通常已经养成了每天反思的习惯。我们所研究的案例中，高潜力人才吉姆就曾表示，他每天会利用3个不受打扰的时间段来进行反思：

> 我每天都会空出3个时间段：上午9点到10点、中午12点到下午1点、下午4点到5点。这3个时间段内，我既不用参加会议，更鲜少受到打扰。我的助理及其他员工都知道，跟我预约时间的话，需要避开这3个时间段。当然，我的上级可以随时找我。通常我会在上午9点到10点完成需要注意力高度集中和深入思考的任务。我也会用这段时间来规划接下来的目标。我会把每天、每个季度、每年要完成的事项记录下来并定期回顾一下，确保行动和目标保持一致。中午12点到下午1点是我用来构建和维系人际关系的时段。我有一份名单，上面所列的均是我要精心维护关系的人。我会与这些人共进午餐，每周4次，同他们联络感情。最后一个不受打扰的时间段我是用于反思的。我会反思我原本打算完成什么，而实际上又发生了什么。每隔一周，我还会花一些时间评估我的团队，评估他们的表现和实际取得的成果。我会问自己，我希望他们在哪些方面做得更好，怎么才能使他们获得更佳表现，以及我与他们的关系如何。事实证明，反思我同团队成员的关系尤为重要。通过改善我同团队成员的关系，不仅十分有助于他们改善自我表现，还能使他们以更加坦诚的态度给我反馈意见。我们之间建立了良性循环。

对所学内容不断进行反思和内化，不仅使你受益匪浅，还能帮你培养出那些真正为你效力的人。如果你能轻松阐明各种项目和经历的关键成果，那么你当然也能向团队成员解释清楚各个岗位所起的关键作用。对于企业而言，这是领导者的一项重要职责。

策略 4：打造战略性人际关系，找到“激励者”和“坦言者”

通过打造具有战略性的人际关系网，同样能够强化你的加速学习能力。罗布・克罗斯（Rob Cross）教授和埃森哲咨询公司的罗伯特・托马斯（Robert Thomas）就研究过，高潜力领导者在打造人际关系网时与其他资质较为平庸的同事相比有何不同。高潜力领导者是否会打造更广泛的人际关系网，是否会集中精力于与位高权重的人建立深层关系？研究结果表明，这两个问题的答案如何都不会带来关键性差异。

克罗斯和托马斯了解到，庞大的人际关系网或将成为职业之路上的绊脚石。因为你可能需要花很多时间去维护人际关系，而没有时间去切实完成你的工作。如果你只注重于培养和维护与位高权重者的关系，那么你很难从企业底层获得许多关键信息。在执行计划时，你也很难获得一线员工的支持。此外，如果同事观察到你总是在费尽心机给上级留下深刻印象、巴结上级，他们很难信任你。

克罗斯和托马斯发现，高潜力领导者通常会打造一个既多样化又富有选择性的人际关系网。他们除了会利用人际关系网来使自己拥有更大的影响力之外，还会以此来拓宽专业知识、学习新技能，并从多个角度去深入理解工作的意义和目的。例如，高潜力领导者会与那些向他们提供新信息或专业化见解的人保持良好且稳定的关系。如此一来，他们便能从更深层次、更多角度去理解市场，了解其他职能部门和职场政治的问题。这将进一步提升他们化繁为简和全面把控的能力。高潜力领导者不吝分享他们在其他行业获知的最佳实践方法和拥有的人脉，这反过来又能使他们充分发挥灵感，在自己的企业中开展创新。当然，他们同样会培养自己与位高权重之人的关系，后者通常会给他们提供指导、在职场政治上的支持和资源，帮他们进行项目协调、获得一线员工的支持，并且使他们深入理解企业内外的各种事情。但是，高潜力领导者也不会忽略自己与平级同事乃至资历尚浅的员工之间的关系。正因如此，他们并没有失去同事的信任，而那些将大部分时间用于维护自己与上级之间关系的管理人员则恰恰相反。

还有一点很重要，那就是高潜力人才身边往往有一些能够给予他们发展性反馈的人，这样能促使他们改善自己的观点和决策。换言之，**高潜力领导者的人际关系网是他们加速学习的源泉。**你在打造自己的人际关系网时，同样应遵循此原则。资深高潜力领导者玛丽塔就曾一语道破人际关系网的这一重要性。她把她的人际关系网戏称为“智囊团”：

在我工作过的地方，我都会与两种类型的人多打交道。一种是能够在日常工作中给予我指导和支持的人，另一种是能够从更广、更深的层面上给我建议的资深人士。就目前的职位而言，我会从5个人那里寻求发展性建议。例如，茹非常善于处理与人事相关的问题。因此，当我的团队中有人表现欠佳时，我会与茹展开一场头脑风暴，讨论是否应对该员工进行指导，以及如何指导才能达到最佳效果。乔伊丝则在人际沟通方面给了我极大的帮助。有一次，首席执行官要求我针对一个重大项目做“经验总结”。当我在着手准备时，乔伊丝正是我的决策咨询人。同时，她还深谙职场政治，能够帮我在进行总结陈述时避免踩到雷区。作为回报，当乔伊丝和茹来找我时，无论她们是想在我擅长的领域寻求我的指导，还是仅仅想找一个值得信任的人讨论意见，我都会毫不犹豫地提供帮助。

在克罗斯和托马斯的研究中还有一个令人惊讶的发现，那就是人际关系网中的“激励者”十分重要。“激励者”指的是在充满挑战的情境中依然着眼于机会的人，他们能帮你实现愿望。几年前，我们曾采访过Priceline旅游服务网站的创始人杰伊·沃克（Jay Walker）。沃克认为，他的成功得益于一群乐意与他展开头脑风暴的合作伙伴。他会将自己不切实际的想法告诉他们，而他们会把这些想法不断打磨成具有可行性的商业方案。他们不仅会保护沃克的创新热情，还会想方设法帮他去实现。沃克说，这样的合作伙伴百年难遇、千金难求。一般人只会告诉你，你是在异想天开。

你的人际关系网中还需要一些“坦言者”。曾在微软工作的高潜力总监格雷格·维斯（Greg Veith）时刻确保自己身边有几名“坦言者”。他们会向他坦诚地提供反馈，帮他反思他的见解和领导风格。维斯擅长着眼于大局中潜藏的各种可能性，而他的“坦言者”恰恰起到了平衡作用。他们能够在他执行计划前帮他测试，并评估企业各级人员对这一计划的积极性。维斯解释说：

> 我喜欢去寻找重大机遇，因此我需要“坦言者”帮我从更加现实的角度去认清哪些机会具有可行性。我会经常征求团队成员的反馈意见：“我是不是没能考虑到某些关键因素？”“如果我们选择这种方案的话，会造成什么样的结果？”“我们现有的人手够不够，能否承担这些新任务？”关于是否执行某项计划的问题，我的一名直接下属把关很严。他不仅使我认清我们要如何权衡资源分配和实际执行层面的问题，搞清楚我们会面临什么样的障碍，还会不断提升我们的标准，并随时向我汇报各种关键细节。我还有一名“坦言者”来帮我把控业务和流程节奏。他会提醒我关注下列问题：“针

对接下来的6个月，我们有哪些详细的规划?”“我们的预算是否充足?”“我们的财务状况如何?”“我们的人手够吗?”有一些“坦言者”会向我传达企业中一些人对我的意见。例如，一些员工认为我应该花更多时间与团队中的个人贡献者交流。因此，现在我每周都会与6名团队成员会餐一次，深入了解他们的个人情况，回答他们的问题。还有一名“坦言者”十分擅长解读人们的肢体语言，他不仅能够帮我更好地理解众多参会者的情绪和想法，还会告诉我在会议之后应该找谁展开后续讨论。

与“坦言者”和“激励者”相对的是“打击者”。我们也可以使用源于《周六夜现场》(*Saturday Night Live*)的流行词：“扫兴者”(Debbie Downers)。此类人善于找出各种计划中可能存在的困难，还会找各种理由来说明你的想法是无效的。他们喜欢批评别人，甚至根本不关心他人。克罗斯和托马斯建议，可以通过改变岗位角色来避免与此类人打交道，或者改变他们的行为模式，抑或将他们的意见当耳旁风，以免受到负面影响。

策略5：刻意练习

在面对各种情境时，长期保持优异表现的资深专家，反而更容易陷入反应定势的误区。毕竟，他们是专家，已经习惯于依赖过去积累的经验，相信自己的直觉。然而，当你面对不熟悉的情境时，相信自己的直觉往往会适得其反。此时，你需要做的是获得新的视角、知识和技能，不断反思自己的经验，寻求反馈并分析结果。这正是你需要刻意练习的地方。

首先，你要确定在接手新岗位或进行职业转换时，有哪些是你并不熟练却要频繁使用的技能。然后，你就要针对此类技能进行刻意练习。正如心理学家安德斯·埃里克森（Anders Ericsson）及其同事所指出的，各行各业的专家每天都会花几个小时进行刻意练习。世界知名小提琴家雅舍·海费兹（Jascha Heifetz）也曾说过："每天的练习是必不可少的。一天不练，我就能察觉出技艺水平有所下降；两天不练，评论家就能察觉出来；三天不练，听众都能察觉出来。"我们在本书的前言中提到过一位高级经理，企业上下一致认为下一任首席执行官非他莫属。除了出色的表现之外，刻意练习也是他脱颖而出的关键。

然而，由于每天的工作中充斥着大大小小的会议和各种需要处理的任务，绝大多数中高层领导者几乎很少花时间发展自身能力。有鉴于此，我们建议你每次只集中发展一两项技能。在熟练掌握某项技能之后，你便可以开始发展下一项。你还需要腾出时间和地点进行刻意练习，否则每天的会议、电子邮件和日常任务会使你无暇顾及于此。你现在要做的，就是确定自己应该把精力放在发展哪些你尚未掌握但有急用的技能上。如果同事中有非常了解你的新任务以及你的能力和不足之处的人，那么不妨征求一下他们的意见。

硕腾公司（Zoetis）前首席执行官胡安·拉蒙·阿莱克斯（Juan Ramón Alaix）的经历向我们证明了一点，那就是高潜力领导者同样需要付出极大的努力才能脱颖而出。当他在为出任首席执行官做准备时，就认识到自己缺乏该职位所需的沟通技巧。为了做好充分准备，他开始了一项长达 18 个月的魔鬼式培训计划。首先，他对自己进行了一系列评估，以确定自己迫切需要提升哪些方面的能力。随后，他找来一位经验丰富的首席执行官作为自己的导师。经过为期 2 天的深入交谈，他们共同探讨了首席执行官的职位与阿莱克斯过去担任的管理职位有哪些不同。他们还讨论到，对于硕腾公司而言，有哪些具体利益相关者将影响企业的未来，以及如何更好地与各方利益相关者进行沟通。之后，他们两个人依然会每月展开一次一对一的深度交谈。对此，阿莱克斯评论道：

当时，我不仅要管理企业的运营，还在为硕腾从辉瑞公司剥离并进行首次公开募股做计划。因此，这些繁重的任务原本是很容易阻碍我为首席执行官的角色做准备的。然而，我与导师每月一次的会面阻止了这种情况的发生。我的导师作为一名局外人，能够在听取我的想法之后，使我从不同的角度去思考问题，这令我受益匪浅。当你成为企业领导者时，你将会在同事和下属身上花费大量时间，如此一来，你很容易忘记要形成自己的独立观点。我的导师提出了许多我未曾考虑过的问题，并要求我对自己的选择进行反思。这些精心安排的一对一沟通，迫使我要经过一番条分缕析之后才去回答他的问题。

不仅如此，阿莱克斯还聘请了一位沟通专家，学习首席执行官需要掌握的不同沟通方式。他学会了如何应对媒体的采访，还掌握了如何发表主题演讲、如何在小型会议上进行发言、如何与主要投资者展开一对一的对话和如何应对电话会议中的各种问题。随后，他又聘请了一位培训师加入他的团队。该培训师的职责是在各种会议和投资者论坛上观察他的表现，并向他提供持续的反馈。

虽然前期对自己能力的投资花费了他大量的时间和精力，但阿莱克斯认为，自己之所以能够在担任首席执行官期间取得成功，这些投资发挥了关键作用。如今回想起来，他得到了这样一些感悟：

很多人到了一定年纪，就不太愿意接受培训了。对我来说，恰恰相反，我非常乐意接受培训。此前的职业生涯中，我也曾接受过沟通方面的培训。但此次为硕腾首次公开募股所进行的沟通培训，其强度相较于之前的培训要大得多。比如，在第一次接受电视采访之前，我花了 8 个多小时进行排练。我认为，在沟通中取得成功的

> 关键在于是否做足了准备工作。在第一次面对投资人进行路演之前，我至少排练了40次。每位领导者都有自己成功的秘诀，而我的秘诀就在于做好充足的准备。准备工作中的关键一环在于以谦逊的态度去接受反馈。当要面临挑战时，我在准备工作上所花的时间和对待培训的开放态度，都使我受益匪浅。

在前文中，我们探讨了高潜力人才需具备的5大关键能力：情境感知、领导团队、全面把控、化繁为简和加速学习。企业是否将你视为高潜力人才，取决于你是否拥有这5大关键能力。然而，仅仅做到这些还远远不够。

每个企业对高潜力人才的选拔都有特定的流程，此类选拔流程即便没有被刻意保密，往往也笼罩着一层神秘的色彩。在接下来的3个章节中，我们将告诉你企业的高潜力人才选拔流程，以及如何把控流程。

THE HIGH POTENTIAL'S ADVANTAGE

高潜力人才的行动指南

1. 如果你能够以多种方式展开学习，从而调整自己的行为模式和思维方式，更好地适应新环境，那么你在个人生活和事业中就越有可能取得成功。高潜力人才能够从许多不同类型的事件或经验中学习，快速将信息内化成自己的见解，并能以新的方式将见解应用到实践中去。同时，他们还能适时调整自身的行为，以最佳的方式应对每种情境。
2. 你要不断反思自己身处的情境和新掌握的知识，练习提升你的自我意识。不妨找一些善于反思的同事做你的合作伙伴。
3. 你要建立并维护人际关系网，拓宽专业知识，学习新技能，并找到工作的意义。多多分享你在其他行业中获知的优质的实践方法和人脉。你还要精心维护自己与高层领导者之间的关系，因为他们能够为你提供指导、支持和资源，帮你进行项目协调。
4. 考虑到每天的空余时间有限，我们建议你每次只集中发展一两项技能。在熟练掌握某项技能之后，再开始发展下一项。
5. 你要腾出固定的时间和地点来刻意练习，否则，每天的会议、电子邮件和日常任务会使你无暇顾及于此。
6. 如果同事之中有对你即将接手的任务了如指掌的人，你要向他们征求指导和建议。请他们告诉你应该在哪些领域投入时间和精力，并请他们给你提供持续的反馈。

THE HIGH POTENTIAL'S ADVANTAGE

第二部分

//

如何在高潜力人才评估中脱颖而出

THE HIGH POTENTIAL'S ADVANTAGE

06

了解企业评估高潜力人才的方式

每个企业都会利用系统化的评估流程识别高潜力人才，从中选拔出最优秀的人来接手重要岗位。然而，大部分员工并不清楚该流程的具体操作。在本章中，我们将深入探讨该流程的具体操作是怎样的，以及你怎样做才能影响它的最终结果走向。

以数据为基础开展评估

在进行人才评估时，许多企业会聘请企业行为心理学家和顾问来协助甄选人才，或者改善内部人才评估流程。企业会通过正式的工具、评估、模拟、系统化访谈和心理测试来收集关于员工的数据，并在选拔高潜力人才时，将此类数据作为关键因素纳入考量。通常，企业还会为了员工的个人发展来使用此类工具，据艾伦·丘奇和克里斯托弗·罗托洛（Christopher Rotolo）的人才管理基准研究表明，这是迄今为止最常见的使用方式。因此，此类工具的重要性不言自明。如果在评估时能做到真实有效的话，此类工具能为每名员工提供一个相对公平的竞争环境。

比如，如果你天生较为内向，在情境感知的能力上不得不下苦功夫，那么人才评估结果将会显示，在打造、维护与直接下属、同事之间的关系上，你的努力究竟取得了怎样的效果。评估工具可能还会表明，你能够胜任更高级别的领导岗位。因此，即便你的相关能力尚未展现出来，高层领导者也能够通过此类数据，将你安排到更高级别的岗位上。当然，此类工具的优点远不止这些。

纠正过时或负面的印象

如果别人认为你有某个缺点，但实际并非如此，或者你曾经有某个缺点，如今已经有了明显的改善，那么，人才评估就会在结果中显示出这些变化。因此，评估结果不仅有助于纠正他人对你的负面看法，还有助于增强他人对你的正面看法。换言之，人才评估可以给你带来一次崭新的起点。

莱茜就职于销售部，她是一位很有潜力、非常聪明的年轻经理。当她还是一名销售员时，她的野心使她没有认识到在管理岗位上发展人际关系的重要性。她的同事认为她过于强势，毫无合作意识，而她本人也的确非常争强好胜，喜欢抢功。

在接受了360度评估并获知同事对她的评价不佳之后，莱茜意识到自己必须改变行为方式，变得更好，才能保持高潜力人才的地位。随后，她扭转了自己凡事都要赢过他人的想法，学会了从更广的层面上去思考问题，并认识到了与同事协同合作的必要性。当团队完成销售目标时，她不再独占功劳，而是将成绩归功于团队全体成员。

在经历了6个月的学习之后，莱茜发现自己与同事、下属的关系越来越好。在此之前，她争强好胜的行为特征也给他们带来了负面影响。虽然她改正了这个缺点，但企业内部对她的风评依然是她缺乏合作精神。她的许多前同事早已转到新的岗位，因此他们并不知道她在工作风格方面有了改善。

也许随着时间的流逝，人们对莱茜的看法会逐渐变好。但从短期来看，如果她不参加后续的360度评估，那么在人才评估讨论中，人们之前对她的看法将会给她造成极大的困扰。因此，企业特地对她展开了第二次360度评估，以此为即将召开的人才评估会议做准备，并进一步确定应该给她安排什么新岗位。评估结果表明，她在与人合作方面取得了显著的进步。如果企业领导仅凭原先的印象对她做评估，那么她可能要花很长时间才能获得进一步晋升的机会；而如今通过这次测试，她很快就获得了晋升。

预测员工的未来潜力

企业也会使用此类评估工具来预测员工的未来潜力。比如，企业能够通过应用研究方法，确定高潜力人才需要具备哪些核心能力，并以此来预测初级人才的未来潜力。

百事公司针对员工设计了一整套“领导力评估与发展计划”（Leadership Assessment and Development，LeAD）。该计划还有一个版本是专门针对尚处于职业生涯早期的员工的，称为“潜在领导者发展中心”（Potential Leader Development Center，PLDC），其中囊括了各种评估工具。这些工具主要通过认知、性格、情境判断和履历资料等方面，预测员工在未来取得成功的可能性。

每年，百事公司都会邀请几千名处于职业生涯早期的员工参加该计划。本着公开透明的精神，百事公司通常会向参与该计划的员工、他们的上级和人力资源部门分享评估结果。针对参与者的领导力，评估结果会给出他们具有的两点优势和两个机会区。

同时，评估结果还会对参与者的未来潜力打分，并称之为“提升”（LIFT）。该评分体系分为4个等级。百事公司之所以选择“提升”而非“潜在”一词，是为了促使每名员工都发展出更优秀的领导能力。每年大约有2 000～3 000名员工参与评估，其中大约只有17%的员工达到“非常出色”的级别，这意味着他们在担任高层领导职位方面具有很大潜力。其他人则分布在“优秀”、“中等”和“普通”3个级别。

对于百事公司而言，这些评估数据无疑非常有价值。更加令人感到高兴的是，70%以上参与评估的员工同样对该计划感到满意。他们的满意程度并没有因为评估结果的不同而出现显著差异。这说明一点，尚处于职业生涯早期的员工希望能够通过此类客观的评估，对自己当下的实力、未来的潜力有更清楚的认识。如果你的企业有此类计划，你是拒绝参与，还是想知道自己未来的潜力如何？如果你的评估结果显示你的潜力处于低等或中等级别，你会怎么做？

在百事公司，即便是在“提升”评估体系中被归为最低级别的员工，也有一定比例的人获得了晋升。那些在评估体系中被归为最高级别的员工，其晋升率更是平均水平的2倍以上。毋庸置疑，参与此类评估对于高潜力人才而言自然是大有裨益。

总之，在你职业生涯的各个阶段，企业都会在许多方面使用关于你的评估数据。在员工的职业生涯早期，评估数据能够表明员工有哪些潜力、需要集中发展哪些能力。而对于企业中高层管理人员，评估数据能够为决策者提供信息、弥补信息空缺，帮助决策者判断发展需求的变化，以及比较候选人的关键能力。无论此类数据是来源于调查测试、在线模拟、现场访谈、小组讨论，还是情境测试，它们都会对你的高潜力人才地位产生极大的影响。

你是否能影响评估结果

总体而言，评估工具和流程的种类繁多，不同工具和流程适用于评估不同类型的人的品性、能力特征。丘奇和罗托洛在人才管理基准研究中对80多家大型企业展开了调研。这些企业均以卓越的人才管理实践而闻名。我们通过该研究得知，360度评估、性格评估和面试是迄今为止企业最常用的人才评估工具。其他常用工具还包括认知能力测试、情境判断和模拟评估等。实际上，模拟评估的使用频率正在稳步提高，尤其是线上模拟评估。其部分原因是企业能够利用这种方式模拟出特定的商业挑战，从而观察被试的应对能力。

模拟评估

如果企业正在考虑是否要将你评定为高潜力人才，那么它很有可能会请你参加模拟评估。模拟评估的方式有很多种，可能是一个简单的线上应用程序，类似于一个小游戏。你会在游戏中扮演某位面临挑战的高层领导，如新上任的首席执行官、高级政府官员或者市场营销副总裁。模拟评估也可能是一套持续一整天的流程，你可能会面对一位受过专业训练的引导员，你们要以一对一的方式进行角色扮演；你也可能需要参与集体活动，企业会观察你在不同情境中的行为方式。一些较为新颖的模拟评估都是以游戏的方式来呈现的。企业通过你在游戏中的表现，对你的领导能力和各种技能进行评估。例如，在深空探索游戏中，当你在做开拓外星殖民前哨基地、积累资源、发起不同类型的科学任务等相关决定时，企业可能会以此来评估你的战略思维和运营能力。或者在战争游戏中，当你选择与哪些玩家结盟或对战时，企业可能以此来评估你与同事之间的沟通能力，判断你对于开展团队合作的态度。又或者在足球游戏中，当你物色并选拔球员、设置先发球员时，企业可能以此来评估你的人才管理能力。

无论采用哪种方式，基本原理都是一致的，即通过设计某种新颖的情境，邀请每位参与者参与同样的流程，由此得出特定类型的结果，以此来评估参与者。模拟评估主要考验你会如何应对从未遇到过的挑战，因此评估方能够对你思考和处理信息的能力做出评估。从理论上讲，企业能够通过此类结果判断出你的一些行为模式和你在与他人互动时的思考模式。

如果你尚未有机会展示自己出色的全面把控能力，那么模拟评估或将成为你大放异彩的绝佳机会。模拟评估通常是实时进行的，即便是需要在电脑上远程完成，也是如此。因此，除非你平时表现良好，否则很难直接影响评估结果。那么，究竟如何才能确保自己在此类评估中尽可能取得最佳表现呢?

首先，集中精神、全力以赴。无论你是独自面对一项线上模拟评估，还是参与一场全天候的评估流程，你都应该摒除一切干扰。干扰因素越多，你的注意力就越难集中，这将直接导致你表现不佳。

其次，你需要认真回顾 5 大关键能力和企业所重视的领导力和专业技能。因为在模拟评估中，有时候会将此类能力纳入考察范围。此外，你还需要事先了解企业的最高领导层将哪些因素视为企业的主要驱动力。这些方面通常涉及企业领导者为确保落实战略和文化方面的计划、措施，以及亟须解决的挑战。类似挑战包括扩大战略重点以实现快速有机增长，或者加强企业文化的渗透以吸引、留住人才，等等。你越了解企业所重视的地方和文化要素，你在模拟评估中就越有可能获得极佳表现。如果你偶然发现，拥有一定程度的财务敏感性对于高层领导者而言十分重要，那么无论你属于哪个部门，都应该早做准备，花时间去学点金融学基础知识，学习读懂损益表和企业年度报表。如果你能够在评估人员面前或在模拟情境中展示出深厚的财务知识，那么你就更有可能被企业视为高潜力人才。如果模拟情境中涉及其他人，比如评估是以小组会议的形式展开的，那么你可能面对巨大的压力。在这种情况下，你仍要尽量保持最佳状态。因为评估人员有可能正在观察你的抗压能力。在做好决定并准备给出提案时，如果整个情况突然发生变化，导致你前功尽弃，你将如何应对？是否会变得慌张、焦虑、生气，甚至口齿不清、无法及时调整思路？此类种种，均是模拟评估中可能会被评估人员观察到的行为和能力。

此外，企业同样想要了解你在日常工作中的行为模式，以及其他人对你这些行为的看法。这时，企业就会用到360度评估。

360度评估

360度评估非常受欢迎，企业能够以此来了解工作场合中，其他人是如何看待你的。360度评估主要衡量人们对你当前行为的看法，对你所具有的潜力则反映得较少。通常来说，评估表中的问题主要以领导能力模型、企业价值观和有效领导力的关键维度为基础。由于这种评估方式极为普遍，因此企业也会将其中得出的数据与人才评估中的信息综合起来考虑，以判断员工的影响力、关系型领导能力、规划任务愿景和策略的能力、调动下属积极性的能力、协同合作的能力等。

当企业收集完同事们对你的评分之后，你会收到一份反馈，其中会显示人们对你在某些特定维度或能力上的总体看法。评估表针对每项特定能力，列出与之相关的行为模式，然后由不同类别的评估者给出评分。这些评估者通常包括你的经理、同事、下属，有时甚至还包括来自企业外部的客户。由于 360 度评估对你的职业生涯发展相当重要，因此一般来说，只有上级对你的评分是实名的，其他人对你的评分都是匿名的。这无疑给了上级与你坦诚相待的机会。如果你平时总以不同的行为方式和态度对待上级、下属和同事，那么这种看人下菜碟的做法自然也能从 360 度评估中体现出来。

此外，360 度评估还有自我评估环节，你需要根据自己的日常行为模式对自己评分。你对自己的评分与同事对你的评分，两者之间的相似程度称作“管理者的自我意识”。在心理学领域，有研究表明，具有高度自我意识的领导者更能获得优异表现，而且也拥有更大的潜力。因此，最理想的情况是，在评估表所测评的各个维度中，你对自己的评分与其他人对你的评分差别很小。如果你对自己的评分与其他人对你的看法差别很大，那就意味着你的自我意识薄弱，并不是优秀领导者的最佳人选。

那么，如何选择你的评分者呢？由于 360 度评估是由其他人来给你评分，因此你很难直接影响最终的结果。虽然有些人尝试通过只选择自己的朋友和盟友作为评分者，希望以此来获得更高的得分，但这种策略实则很容易适得其反。在大多数 360 度评估的过程中，上级会审核你所选择的评分者是否合适，有时你所选的评分者需要获得上级的首肯。你可能也认为你的朋友会给你打高分，但实际上这一点很难保证。或许他们认为应该给你诚实的反馈，只有这样才能使你成为一名更加优秀的领导者。想要获得准确有用的 360 度评估数据，你要确保自己选择的是一些与你长期密切合作，并能从不同角度给予你评价的人。

在一部分 360 度评估中，有一个固定的环节：与上级共同商议，决定邀请哪些评分者参与评估。如果你所选择的评分者无法获得上级的肯定，那么上级和参与人才评估会议的其他领导者可能会认为你在选择评分者方面有失偏颇，从而将评估结果视为无效。如果你只选择了你的朋友作为评分者，而有些人选择以公正的态度直面众人对自己的真实反馈，那么从勇气、性格和领导力等方面来看，两相对比，高下立见。企业很少会将那些无法坦然接受别人对自己真实评价的人视为高潜力人才。

以积极主动的态度，尽可能全面地挑选评分者，这样做不仅证明了你能够以开放的态度对待他人的反馈，也体现了你愿意在评估过程中深入了解自己的态度。这些属于高潜力领导者的优秀品质不会被人们忽视。**高潜力人才理应积极寻求反馈，并从中加深对自己的认识，而非自欺欺人地去逃避问题。**

等到360度评估结果出炉，企业该如何使用评估结果呢？某企业正在考虑负责亚太地区业务的人选。3名候选人分别是罗杰、乔伊和维多利亚。该岗位的职责主要包括在新的子企业制定策略、推动发展议程。最近，企业对这3名候选人进行了360度评估。评估主要以8项关键领导能力为基础，得出的评估结果如图6-1所示。结果显示了3名候选人的直接下属和同事对他们的平均评分。通常来说，不同组别给出的评分是分开的。但此处为了便于讨论，我们将评分者的分数合并，并使用不同的阴影标记来代表不同的分数。黑色阴影代表的是候选人该项得分高于平均分，有明显的优势；白色阴影代表的是候选人该项得分低于平均分，能力有待发展；灰色阴影则代表候选人该项能力处于平均水平。

单从这张图的数据来看，你可能会根据优势的数量对候选人进行排名。因此，你可能会先将具有5个优势的维多利亚放在首位，其次是具有4个优势的罗杰，最后是仅具有2个优势的乔伊。但是，考虑到该岗位的职责要求，究竟选谁还需要更多的考量。一名理想的亚太地区高潜力负责人需要兼具战略思维和执行能力。该负责人还需拥有较强的人际交往能力，以实现领导和管理风格在不同企业文化之间的平稳过渡。

关键领导能力	罗杰	乔伊	维多利亚
战略思维	劣势	平均水平	优势
规划方向	优势	平均水平	劣势
运营能力	优势	优势	劣势
调动员工	优势	劣势	优势
全球化思维	劣势	平均水平	优势
在矩阵式企业中协同合作的能力	优势	平均水平	优势
诚实正直	平均水平	平均水平	优势
学习能力	劣势	优势	平均水平

□ 劣势　■ 平均水平　■ 优势

图 6-1　3 名领导候选人的 360 度评估结果

那么，究竟该选谁呢？肯定不能选罗杰。虽然罗杰拥有杰出的运营能力，他甚至是同级管理人员中的佼佼者，但就本次 360 度评估而言，从其他人对他的评价中不难看出，他无法在更具战略意义的层面上展现出相应水平的运营能力。单凭这个劣势可能还不足以淘汰他，但由于他也不具备全球化思维能力，这就使他难以胜任外派到其他国家的任何新岗位。如果他的学习能力很强，也许他能快速掌握新的能力并克服这些障碍。可惜的是，他的学习能力低于平均水平，恰恰属于有待发展的三个机会领域中的一个。鉴于这种情况，企业不会选择罗杰去接手这项战略性国际任务。

罗杰的劣势领域恰巧是维多利亚的优势领域。维多利亚不仅在战略思维和全球化思维上具有明显的优势，她还是一位善于调动员工积极性、善于协同合作的领导者。那么，企业会选她来担此重任吗？或许会，但概率不大。因为虽然她拥有 5 个优势，但她在规划方向和运营能力上的不足，足以使她遭到淘汰。企业可能会认为，尽管她既能调动员工积极性，也能从更高层面去思考问题，但她也许无法将计划落到实处。

最终，最佳人选可能是优点最少的乔伊。她的综合能力平平，但新岗位所需的关键能力她均已具备。同时，她还有着卓越的运营能力和学习能力。因此，她极有可能快速习得必要的知识和技能，以实现目标。她唯一明显的劣势是不善于鼓舞员工。然而，由于评估结果显示，她既拥有一定的全球化思维，也能够在矩阵式企业中与他人开展协同合作，所以不善于鼓舞员工这个劣势很可能是领导风格上的缺陷，而非行为方式上的问题。在企业看来，乔伊有时可能会被视为表现稳定的B级员工，而非表现出色的明星员工。但是，她良好的综合能力和在关键领域上的优势，使她成为该岗位的最佳人选。如果该岗位的职责更偏向于制定策略，而且有其他团队或者领导者具体执行的话，那么维多利亚当然是不二人选。

人格测试

人格测试也是一种调查评估的方式。通常来说，这种调查表仅需你自己填写。你可能已经在学校、团建活动、招聘流程中参与过此类人格测试。或许，你也曾在自己喜欢的杂志上完成过一些简单的人格问卷调查，比如，通过回答20道题来评估自己的人格类型或者对未来伴侣的选择偏好。企业在评估高潜力人才时也经常用到人格测试。虽然此类测试基于多种不同的理论和模型，但从心理学上来说，它们始终围绕着关于人格的5大能力而展开。这5大能力包括外倾性、随和性、责任意识、经验开放性和情绪稳定性，通常也被称为“大五人格模型”（Big Five Personality Model）。

虽然心理学领域的研究者认为“大五人格模型”涵盖了关于人格描述的所有方面，但企业在进行人才评估时依然会选择各种不同的人格测试。如霍根性格调查（Hogan Personality Assessment Suite）等人格测试，它们体现的就不仅仅是这 5 个因素。然而，无论使用何种评估工具，其过程都是自陈式的。

这里也提供一些关于人格测试的建议。人格测试的目的在于帮你了解自己的基本性格特征和内在驱动力。你所在的企业还会根据人格测试结果判断你是否具备应对潜在挑战的能力。比如，如果你是一个性格内向的人，但又想在人际关系极为重要的大型企业就职，那么，你是否知道应该如何克服自己内向的性格？你成功克服过吗？如果你天生敏感，那么你经常会在工作中表现出焦虑情绪，还是说，你已经找到了时刻保持镇定的方法，能够像一名高层领导者该有的样子，处理好自己的情绪？

你可能会想，我为什么要在测试中承认自己敏感不安、精神紧张和其他种种性格缺陷？事实上，至少对于评估测试中所使用的复杂量表而言，你不用直接回答关于你内心状态的问题。测试量表通常会将问题按照重要程度进行排列设计。你很难在测试中以造假或通过其他方式影响测试的结果。一些测试量表甚至包含隐藏的测谎题目，如果你在此类题目上的得分超过一定标准，那么你很有可能会被认为是在影响测试结果。因此，你要按照问题的表面意思诚实作答。在填写测试量表时，请尽量按照要求作答。除非测试另有要求，否则在作答时，尽量参考你在工作中而非生活中的行为方式，而且答题速度越快越好。

单次测试不要在不同的场合完成。例如，不要在某次短期差旅的途中分段完成测试。不稳定的环境因素不仅会影响你的判断，还会得出一些令人大跌眼镜的评估结果，从而导致企业无法在人才评估会议上对你的测评结果做出有效的解读。

某位高管试图在一周的密集差旅行程中完成人格测试。于是，他在机场休息室回答了一部分问题；两天之后，他在开完一整天会议的疲惫状态下又回答了一部分问题；最后，从机场回家的路上，他坐在车里终于完成了整个测试。最终的测试结果显示，他既容易激动，倾向于做出轻率的决定，同时又从不焦虑，具有较强的自控力和判断力，能够时刻保持镇定与平和的心态。

为了获得最佳结果而反复进行人格测试也无济于事。首先，许多测试量表已经经过特殊设计，能够通过"造假指数"来识别反复测试的行为和其他试图获得理想答案的行为。此番操作会让企业将你的评估结果视为无效，同时，所有人都会知道你在试图操控评估结果。其次，无论两次测试之间间隔了多长时间，你的核心人格特质都很难随着时间的推移而发生变化。当然，随着年龄的增长，或者你的生命中发生了一些对你产生重要影响的事件，你的人格特质的确会发生改变。但通常来说，多次测试所获结果都是一致的。

与我们共事过的一位高层领导者刚收到他的人格测试结果。虽然结果表明他拥有极强的领导才能，但他还是因为自己在求知欲维度上的表现平平而不满。他认为，测试结果没有真实反映出他的创造力和求知欲。于是，他表示自己在第一次接受评估时"不在状态"，要求重新参加人格测试。尽管在第二次参加测试时，他试图刻意提高求知欲维度的得分，然而结果却显示，他在该维度上的得分仅提升了一点点。而且，他在其他维度上的得分几乎毫无变化。虽然他清楚地知道自己想改变哪个维度的得分，但在实际测试中，想要改变最终结果仍非易事。

访谈

访谈与360度评估的相似之处在于两者都是评估你在工作中表现出来的行为和经验，而不同之处在于访谈是访谈者直接向你提问。虽然有些企业会挑选内部人员作为访谈者，但在多数评估流程中，企业通常会邀请外部人员作为访谈者来收集访谈对象的数据，以提高机密性。这种做法的劣势在于企业文化和具体工作环境无法在访谈中向外部人员展现。你在工作中可能需要应对要求极为严苛的企业客户，或是需要配合审计企业解决各种挑战。外部人员并不了解这些具体情况，因此他们在访谈中的感受远不及内部人员那么深刻。

从本质上来说，访谈数据并不是定量的。因此，要进行内容或主题分析才能将数据转化为具有操作性的信息。对于人才管理流程中的访谈，企业通常会以领导力框架中最关键的能力为基础，重点考查访谈对象与该能力相关的个人能力。例如，如果企业正在评估员工的战略思维，那么访谈者可能会提出以下问题：“请讲述一下你经历过的重大挑战，以及你是如何开发新的战略方案来应对这一挑战的。该挑战处于何种背景之下？你所提出的战略有哪些要素？你是如何制定该战略的？战略实施后，取得了哪些成果？通过应对挑战，你学到了什么？”访谈者会对照计分键或者评分模板上展示的不同示例，对你在访谈中的表现打分。

你应该如何为访谈做准备呢？你需要认真聆听访谈者的问题，然后根据自己的知识和经验给出清楚简洁的答案。如此一来，你便能给访谈者留下良好的印象。回答时尽量体现出你对工作、同事、企业和职业的满满热情，避免用一种毫无感情的声音回答问题。访谈时，你的肢体语言也很重要。

如果你能够事先了解访谈流程，那么你的准备或许可以更加充分。一些企业会通过访谈了解你在过去的工作中表现出的能力，尤其是你在关键事件中的行为特征。有鉴于此，我们建议你在参加访谈之前，回顾一下被你所在的企业视为关键领导力的那些能力和你自身的经历。然后，再回想一些具有代表性的事件，此类事件中，你可能尽了自己最大的努力，或是从中学到很多东西。最后，确保你已做好准备，能将此类事件的来龙去脉讲述清楚。讲述时不可忽略种种细节，如你所实现的目标、面对的挑战、难以处理的关系、接受的教训以及经历的失败等。

针对你所描述的事件，一组评估人员很可能将其拆分成不同类别的内容，并根据其中你所体现的能力或者性格特征对你进行评分。然后，他们将评分再转化为可分析的数据，以供企业在人才评审时讨论。比如，访谈者可能会在你讲述一个重大变革项目时，重点观察你是如何谈论及对待下属的，以及了解你当时为他们做了些什么。例如，在上一次实施生产力提升计划时，你是否表现出对下属的关心？还是说，你当时毫无人情味，只是以“公事公办”的态度完成任务。一些结构更加复杂的企业通常还有一组访谈人员专门校准评分，确保每名访谈对象所讲述的事件在深度上保持一致。

访谈者会探究事件中的细节，但是他们究竟想知道哪方面的内容，或者在考查何种行为特征，他们不太可能直接告诉你。因此，你要尽量多准备一些背景复杂、意义重大的职业经历，以此类事件为起点展开描述。你所讲述的事情越有见地、越能体现出你的深思熟虑，那么你的得分就越高。小专栏“访谈者如何考察你的行为特征”中列举了一些访谈中的常见问题。

高潜力人才的能力评估

THE HIGH POTENTIAL'S ADVANTAGE

访谈者如何考察你的行为特征

- 请讲述一个由你负责的大型企业变革项目，并详细描述其中涉及的各种复杂问题和各方利益相关者。你是如何解决各方利益相关者的不同需求的？你是如何调动他们的积极性，说服他们给予支持，最终确保计划顺利实施的？
- 请讲述一次你为了有效地开展工作，不得不与某位关键人物建立良好关系的经历。最终，你是否成功地解决了这一挑战？如果是的话，你是如何做到的？

- 请讲述一次你未能满足客户期望的经历。事情的始末是什么样的？你当时是如何解决的？
- 你是否曾与人格特征和领导风格与你截然不同的某个人密切合作过？请描述一下当时的情况。你是如何应对你们之间的差异的？
- 请讲述一次你成功影响过，甚至彻底改变了某人观点的经历。
- 请讲述一次你在工作中积极发挥创造力的经历。那次经历中，有哪些令人兴奋之处？又有哪些棘手之处？是什么让你的方法脱颖而出的？

认知能力测试

认知能力测试旨在测试你的语言能力、计算能力、空间能力、问题解决能力和批判性思维能力等。简而言之，此类测试主要用于评估你的学习能力和信息处理能力。如果你曾经参加过学校的标准化考试，如大学英语四、六级考试（CET），美国高中毕业生学术能力水平考试（SAT），美国研究生入学考试（GRE），经企管理研究生入学考试（GMAT），那么你可能对此类测试非常熟悉。这些考试均源于认知能力测试。由于认知能力测试与一般的智商测验相关，因此很多人对其望而生畏。

认知能力测试更常用于招聘选拔外部人员，而很少用于发展内部员工的领导力。理由很简单：想要改变员工的认知能力水平极其困难。或许在面对复杂问题时，你能够想出解决方案或替代策略，但你的智力水平通常是固定的。话虽如此，一部分企业还是会利用某些针对解决问题能力和批判性思维能力的认知测试，在内部员工中甄选出高潜力人才。丘奇和罗托洛在人才管理基准研究报告中指出，在他们研究的 80 多家大型企业中，有 40% 的企业将此类测试用于甄别高潜力人才。一些常用的测试包括华格二氏批判性思考评估（Watson Glaser Critical Thinking Appraisal）、温德利人事测验（Wonderlic Personnel Test）和瑞文标准推理测验（Raven's Standard Progressive Matrices）。

应该如何为认知能力测试做准备呢？关于认知能力测试，除了在测试时集中精神、认真作答之外，我们能给出的建议极为有限。与其他许多评估方式一样，你需要在测试的前一天晚上睡个好觉。通常来说，你需要在限定时间内完成测试。测试中甚至会有人监考，以防有人作弊。我们建议你提前熟悉测试的具体题型，去网上找一些样题提前练习一下。比如，瑞文标准推理测验是一种在线的非文字智力测验，有很多人喜欢做这种智力题；而华格二氏批判性思考评估则类似于研究生入学考试，重点在于评估测试者理解文本信息的能力。

测试你是否具有“高管气质”

一项针对企业如何甄选高潜力人才的研究表明，约有 35% 的企业会通过某些方式来判断员工是否具有高管气质。虽然高管气质既不属于 5 大关键能力之一，也不属于一种人格特征或领导能力，但许多企业依然在人才评估中使用该词。然而，没有人能真正告诉你高管气质到底是什么。无论在哪个企业，如果你就此事询问高层领导者，他们都会说：“只可意会，不可言传。”高管气质与“高潜力”的概念既有不同之处，也有重叠之处。

实际上，高管气质是由多种不同元素构成的。具体由哪些元素构成，则因企业而异。对于某些企业而言，高管气质囊括了该企业中多数高管共同拥有的人格特质。大多数高管在对员工进行评估时，都会将该员工是否具有高管气质这一问题纳入考量。因此，你需要了解在你所在的企业中，高管气质究竟意味着什么，然后进一步思考，在与高管气质相关的领域中，企业是如何看待你的。

比如，有一名才华横溢的程序员，虽然她拥有领导能力，却迟迟不受高层领导者的赏识。在面向高管展开陈述时，她的讲解过于深入，不够简洁精练，导致高管们常常认为她偏离了主题。也就是说，她化繁为简的能力还有待提高。

又比如，有一位沉默寡言的高管，平时看起来还挺有领导风范，但一旦别人与他探讨商业战略后就会发现，此人空有其表、脑中无物。由于他风度不错、较受欢迎，这可能会使他晋升到一定级别的职位。然而，他能力不足的事实最终必定会展露无遗。他的级别越高，给企业造成的负面影响也就越大，因此，企业不可能再提拔他，甚至会直接解雇他。企业之所以会大量使用评估工具，原因之一就是要通过评估结果快速识别上述情况。通过评估，企业不仅能够快速提拔案例一中的程序员，还能快速淘汰掉案例二中徒有其表的高管。

虽然你无法确定对于上级和更高层的领导者而言，高管气质究竟意味着什么，但是如果你将重点放在培养自己的 5 大关键能力上，那么企业更有可能来发掘你。

取得理想评估结果的两个方法

虽然许多评估令人生畏，但你可以通过一些方式尽量获得理想的结果。

首先，找出人才评估中最具影响力的评估工具，了解企业和领导者会优先考虑哪些评估工具的结果。企业文化、你的上级对你未来潜力的看法、空缺岗位的类型以及不同人员对于评估工具的不同看法等，都会影响评估结果。例如，360度评估在你的下属眼中可能十分重要，而在你的同事或上级看来则没有那么重要。也就是说，高层领导者在选拔人才时，更加看重员工的核心领导力、管理能力以及他们与团队成员之间的合作方式。某些企业可能还会看重员工的人格特征。例如，考察你是不是一个有远见的思想家，是否有足够的创造力去带领企业向前迈进。还有些企业可能更加重视员工在情境测试中的结果。例如，考察你是否善于与人合作，是否能够在高压环境中处理好与同事之间的冲突。

通常来说，有一个方便快捷的方式可以判断出企业重视什么样的评估方法，那就是看企业在什么评估方法上投入了大量金钱。任何一种评估都需要耗费时间和金钱。因此，如果企业正在通过评估来判断你是否适合某个岗位，或者你自愿申请参加某项常规性评估，那么你首先应该仔细思考该评估所涉及的规模和范围。因为这两方面体现了评估的重要程度，以及它在企业对你的人才评估中具有的影响力。比如，如果企业决定邀请许多外部的企业行为心理学家，一起去企业外面某个场地对员工进行一整天的情境测试，那就说明这次评估很有可能非常重要。

其次，把精力放在有助于你获得最佳表现的事情上：

- 诚实准确地表达自己。
- 做足功课。
- 了解清楚企业重视哪些知识和技能。如果你即将接受针对内容性知识的评估，那么你要提前复习相关知识。
- 如果涉及访谈、情境测试或模拟评估，那么你要以饱满的精神来迎接挑战。
- 认真对待评估。在必要的情况下，在日程表中规划出你需要投入的时间，制订好准备计划。

- 在提升能力时，始终将 5 大关键能力置于首位。

评估结束之后该做些什么

一些员工因为能够坦陈自己有待发展的领域，并对此制订出详细而周到的计划，而给自己带来了积极的影响或晕轮效应。通常来说，在你参与评估之后，企业会要求你制订此类提升能力的计划。而当企业通过某项人才评估流程或领导力计划，甄选出胜任更高职位的高潜力人才之后，往往会为他们量身定制相应的发展计划。

那些在企业给出要求之前就积极制订发展计划并分享见解的人，更有可能被企业视为高潜力人才。因为他们不仅能够意识到自己的不足，还能自觉地不断学习、进步，努力去弥补缺陷。因此，从企业的角度而言，即便你没能将精力集中于正确的领域（比如，当企业认为你需要发展全球化思维时，你却在致力于提升自己的消费者洞察力，以期成为一名更优秀的营销人员），但你重视学习和成长的事实，已然证明你具有成为领导者的潜质。

反之，在高潜力人才的选拔中，那些忽略自身发展的人终将被淘汰。许多评估方式都能识别出这种行为倾向，如霍根性格调查、360 度评估等。无论你是没有认识到自己的缺点，认为这些缺点无关紧要，还是认为自己能够瞒过别人，这些心思都会使你在评估中无法获得理想结果。或许你能够使上级相信你有能力，但你无法瞒过所有人，你的缺点迟早将成为致命伤。

我们建议你多多听取同事的反馈意见，或者至少应该花些时间去反思自身的优势和机会领域，然后有针对性地制订计划，以实现自我提升。你需要以长远的目光来思考自己在当前企业中的理想职位，以及自己如何做才能达到目标。如果你的目标在于拓宽不同领域的经验，那么你要判断你能从哪些职位上学到更多的知识和技能。比如，你是否应该计划去其他业务部门或者去另一个国家任职？你是否应该计划去其他职能部门工作来拓宽能力？你是否应该去企业总部工作，以便更加全面地了解企业政策和企业战略？你是否应该积累现场经验，与企业的重要客户开展紧密合作？你是否应该加入新企业，去切身体验各种风险带来的兴奋感？如果你的目标在于提升某些能力，那么你要思考清楚，你在当前职位上能够通过哪些步骤来提升这些能力。比如，你是否应该制订一个明确的愿景宣言，使团队更加团结？你是否应该聘请一位外部教练或内部人员来观察你的行为，并给你提供实时反馈？你是否应该花时间与每名下属建立更深厚的关系，了解他们的职业兴趣，并向他们征求关于如何提升团队凝聚力的具体意见？

对于如何获得自我提升，没有统一的标准答案。能够与你的发展需求、实际情况相契合，并使你有恒心坚持下去的道路，就是你的最佳能力提升之路。如果你能针对自己的需求草拟出相应的发展方案，意味着你能从更广泛的层面去思考自己的才华和职业抱负。如果你能精准把握自身的需求，全面考虑实际情况，并与上级和其他人沟通你制订的发展方案，那么你就更容易晋升为领导者。至少其他人能够清楚你的目标和需求，你自己也能更加清楚自己所面对的种种障碍。

高潜力人才评估中不应做的 4 件事情

第一，请务必保证你提供的所有信息都是准确且真实的，切勿弄虚作假。第二，切勿为了尽快被企业评定为高潜力人才，而以辞职来威胁企业。弄虚作假和以辞职相威胁，这两种方式都会带来适得其反的结果。关于具体后果，我们将在第 7 章中详细阐述。

第三，请勿拒绝或推迟参与评估。即便担心自己无法取得理想结果，你也不能逃避。许多企业每年在评估上的花费高达数百万美元，因此，当一家企业邀请一批员工参加某项评估计划时，通常认为这些员工值得企业的投资。如果你的企业向你发出邀请，请积极参与。如果你拒绝或推迟参加，这都是在向企业释放出一个信息：你并不想成为企业眼中的高潜力人才。有些企业会出于某些理由而放你一马，给你第二次参与评估的机会，而有些企业则会毫不留情地将你淘汰掉。无论如何，如果你这样做，企业都会对你能否胜任更高的职位持有怀疑态度。毕竟，如果你连自信都没有，那么企业又有什么理由相信你？不要因为自己要完成评估测试，就认为能够暂停或减少手头的工作。高潜力人才通常能够在丝毫不影响既有任务的情况下，挤出时间来完成评估。这恰恰是他们能够胜任更高职位、承担更多责任的又一体现。

第四，请勿要求或寄希望于在休假时再参与评估。高潜力人才应该在日常工作之余找到时间来完成评估，这是考察他们能否承担更大、更复杂任务的另一个指标。

虽然企业在判断员工是不是高潜力人才时，会采用正式评估所获得的数据，但这些数据仅仅是影响因素之一。最终决定某名员工能否入选高潜力人才库，取决于企业在正式人才评审会议上得出的结论。同时，与会人员还将据此来安排工作岗位、做出晋升决策。因此，关于你能否被企业视为高潜力人才，最重要的环节在于人才评审。除非你曾亲身参与过人才评审会议，否则你可能对此不甚了解。

在下一章中，我们将深入探讨人才评审流程。其中包括你需要提前了解清楚的关键因素，即包含你所有关键信息的员工资料。决策者将据此来安排你的岗位、规划你的未来。因此，你要确保企业掌握着关于你的最新的准确信息，这一点至关重要。

高潜力人才的行动指南

1. 如果企业邀请你参与模拟评估，请务必集中精神、全力以赴。你越了解企业所重视的业务、领导力和文化要素，你在模拟评估中越有可能获得优秀表现。
2. 如果模拟情境中涉及其他人，那么你可能会面对巨大压力。即便是在这种情况下，你也仍然要尽量保持最佳状态。因为评估人员有可能正在评估你的抗压能力。
3. 通常来说，你很难直接影响 360 度评估的最终结果。虽然有些人尝试只选择自己的朋友和盟友作为评分者，希望以此来获得更高的得分，但是这种策略很容易适得其反。在大多数 360 度评估过程中，上级会对你选择的评分者进行审核，确保整个评估真实有效。有时，你的朋友们或许也认为他们应该给你诚实的反馈。因此，在选择评分者时，你要确保选择一些与你长期密切合作且代表不同角度观点的人。
4. 你很难在测试中以造假或其他方式影响测试的结果。一些测试量表包含隐藏的测谎题目，如果你在此类题目上的得分超过一定标准，那么你很有可能会被认为想要影响测试结果。因此，你要按照问题的表面意思诚实作答。在作答时，尽量参考你在工作中的行为方式，答题速度越快越好。单次测试切勿在不同的场合分段完成。
5. 如果企业要对你进行关于行为特征的访谈，并要求你回想一些具有代表性的事件，那么你要确保将这些事件讲述清楚。你需要尽量多准备一些背景复杂、意义重大的职业经历，并以此类事件为起点展开描述。不妨预测一下访谈中最有可能涉及的主题，事先准备好你想要讲述的故事，思考清楚你想要传达的关键信息。

THE HIGH POTENTIAL'S ADVANTAGE

07

用合适的方式顺利通过企业的人才评审流程

企业进行人才管理的方式，是你必须理解清楚的下一个问题。你的上级和其他领导者会聚在一起，共同探讨人事问题，决定哪些员工进入企业的高潜力人才库。虽然你可能表现极佳、深受上级赏识，但你依然可能在一次人才评审会议上被评为“稳定的B级员工”而非高潜力人才。总之，即便你在日常工作中展示出了高潜力人才必备的能力和行为特征，你也仍然要找到合适的方式，使自己顺利通过企业的人才评审流程。

在本章中，我们将深入探讨人才评审会议的细节。其组成部分往往来源于企业人才管理系统中的各种要素，其中囊括了从个人简历到员工职业发展规划等事项。虽然各种人力资源管理表单、工具、评估及流程听起来令人生畏，但是它们确实能够从一个客观的角度找出你的优势和不足，从而让你和企业认清你是否适合某个岗位，甚至了解你“是否适合继续留在该企业”。

人才评审会议的3大核心内容

人才评审会议是领导层聚集在一起共同评审员工的正式会议。通常来说，企业每年至少举行一次此类会议，有些企业每年会举行多次。人才评审会议是通用电气企业最重要的会议之一，被称为Session C。百事企业则称之为“人员规划”。

企业需要通过一种合理的方式来评审内部员工，判断哪些人最具潜力，从而将合适的人选安排到合适的岗位上。企业还需要通过讨论，确定哪些员工最优秀、最聪慧，哪些尚处于初级职位的员工具有管理整个企业的潜力。企业还需要确定想要帮助他们实现快速有效的发展，企业需要做些什么。大多数人才评审会议大致上就是讨论以上内容。

人才评审会议不是公开会议，因此，你可能并不清楚人才评审的具体流程，也不知道领导层究竟会如何进行讨论。当会议结束之后，你也很难获知他们是如何做出决定的。但每个人都心知肚明一点，那就是所有讨论的主题都是企业对员工的未来规划。有些同事被评为高潜力人才，有些同事则被评为优秀的 B 级员工。有时，会议上也会针对 C 级员工展开讨论。

高潜力人才 5 大关键能力中的情境感知能力在这里至关重要。想要获得理想的评审结果，最关键的一环就是上级愿意在会上为你说话。此外，你还要确保你已经给上级的同事、其他高层领导者和人力资源部门留下了非常好的印象。

虽然关于此类会议是否正式、会议内容的覆盖范围大小等，不同企业有着不同的规定，部分企业甚至会在人才评审会议上探讨企业层面的问题，如企业结构变革、企业合并、资源需求、企业文化、员工敬业度以及商业趋势等，但通常来说，它们都遵循一个相同的模式。人才评审会议包含 3 大核心部分：

- 介绍员工，并针对员工的具体情况展开讨论。讨论的内容包括员工的工作表现、职业经历、职业理想和偏好、工作调派的服从度等。
- 讨论员工的其他信息。此类信息通常来自正式的评估数据、领导力项目中的陈述、小组会议、访谈和其他评估方式。具体信息包括员工的相对优势、机会区、胜任其他职位的潜力。

- 讨论由于晋升、退休、绩效问题、开办新企业、增设新部门等各种原因，企业现存的或即将出现的职位空缺。为了满足业务需要，企业要安排合适的人选去填补此类职位空缺。

在人才评审会议中，上级会对下属进行介绍，讨论他们的优缺点和职业目标，并权衡企业未来出现的职位空缺是不是与下属的职业目标相契合。在对员工进行审查和讨论之后，与会人员需要在员工及其未来岗位和发展方向的问题上达成共识。许多关于员工晋升的重要决定也是在这些会议上做出的。

会议上，领导层是否会对员工的能力展开深入讨论，取决于 3 个因素：

- 员工在企业中的级别。级别越高，领导层越有可能针对员工的未来潜力展开详细讨论。
- 人才评审会议的正式程度、严谨程度和时间长度。
- 上级所做的准备工作和他对员工的看法。

通常来说，上级会提前为会议做准备。而在会议上，他会向与会人员提供他认为合理有效的数据和理由（或按会议要求提供材料），介绍你具有的潜力。如果上级在审查会议中介绍你时，体现出你的高潜力人才特征，这是你被高层领导评为高潜力人才的好机会。如果上级在会上将你介绍为一名 B 级员工，那么你被评为高潜力人才的希望十分渺茫。然而，即便上级一开始介绍了你的各种高潜力人才特征，最终你仍有可能因为其他原因而落选。此类原因包括其他与会人员认为你有某些问题、缺点或对你持有不良印象。这种现象相当常见，每次会议有 10% ～ 20% 的员工会因此被淘汰。

你当然希望上级尽可能展现出你最优秀的一面。如果你的上级不太了解你，或者认为你能力不足，甚至更糟，他又没有参加人才评审会议的话，那么你不太可能会被评为高潜力人才。即便有其他与会人员认为你有极大潜力，但你在会议上最重要的支持者依然是你的上级。这也正是我们将情境感知作为第一项重要能力放在本书开篇来讲述的原因。你与上级的关系对于你能否被选为高潜力人才至关重要。唯一的例外是，如果高层领导中有对你青睐有加的人，他们也会格外关心你未来的发展。

如何影响人才评审会议

如何才能影响人才评审会议？你可以采用何种方式保证你的优秀品质被大家看见，并在会议中被讨论？由于企业将通过调查和测评来评估你的战略思维能力、财务敏感度以及与他人合作的能力，你很难对这部分的个人简历内容产生任何人为的影响。因此，你需要确保自己在各个方面始终有出色表现。如果你在业务上的成绩一般，那么企业不太可能会认为你有资格担任领导角色。这就要求你必须先取得超过众人预期的业绩表现。在第 1 章中，我们指出了 4 个你可以使自己脱颖而出的机会区。同时，你还要熟练掌握并展现 5 大关键能力，因为这 5 大关键能力是企业用于判断高潜力人才的关键指标。此外，你还要找准恰当的时机，采取一些额外的手段。首先，你需要知道企业的决策者在会议上会针对你讨论哪些内容，他们会使用哪些数据来评估你的能力，他们认为你将来适合何种类型的职位，以及人才评审会议召开的时间。其次，你要确保每位与会人员都清楚你真正的职业理想是什么。

当某些高潜力人才候选人在得知人才评审会议即将召开时，他们会威胁企业，表示如果他们未能得到晋升，或者没有得到其他想要的结果，他们就会辞职走人。虽然有些时候，他们确实能得偿所愿，但这种方式往往会惹怒一些高层领导者或人力资源管理部门的资深专家。因为这种方式不仅体现了候选人对企业、上级和其他高层领导者的不忠，还给其他员工带来了负面影响。一些企业甚至会千方百计地引导猎头去寻访这些候选人，好让他们将口头威胁转化成实际行动，从而把他们扫地出门。虽然在许多企业中，员工在职时接受猎头的邀请可能属于违反劳动合同的行为，但此类情况依旧时有发生。

那些威胁企业声称"不升职就走人"的高潜力人才，无疑是将自己和企业都逼入了困境。他们中的大多数最后都因为企业不接受他们的威胁而离职了。即使其中有些人得偿所愿被提拔了，但是不出一两年，他们也会因为自己带来的恶劣影响而不得不离开企业。

因此，我们的建议是，如果你实在觉得有必要离职，那么请你做好交接工作并办妥离职手续。**避免在工作场所制造闹剧，也不要发出无用的威胁。集中精力去培养自己成为优秀领导者所需的各种能力，并思考清楚如何才能达到目标。**

确保你拥有一份准确、完整的个人简历

企业会掌握一份关于你的简历。其中包含你的上学经历、主修专业、工作经历等信息，并且极其简练地总结了你在企业的绩效表现。你要确保这份文件的内容完整、准确，并且反映出你职业生涯中最重要的亮点。

以前，此类文件被称为"人事档案"。企业通常将这些文件放在文件袋中，然后放到人力资源部的某个档案柜里去。而如今，人们将此类文件改称为"个人简历"，并将其统一为电子格式，纳入人力资源管理或人才管理系

统中。你的上级、高层领导者、人力资源管理人员，以及其他可能会给你安排工作岗位的人，都有权访问这份文件。你可以视它为你的在线简历，类似于企业内部领英的职业档案。各种企业在人才评审会议中针对员工展开讨论时，通常会参考个人简历中的信息。

这些信息通常是透明的，拥有合理权限的人都能获取信息内容。不同级别的人拥有不同级别的访问权限。比如，你的经理和人力资源管理人员能够访问全部内容，而你的下属和同事只能看到你的教育背景和工作经历，他们无法看到你的职业理想或绩效评分等信息。当你的新上级想要了解你和你的重要经历时，此类信息就能发挥重要作用。当新上级在考虑给你安排什么职位时，他所做的第一件事就是查看你的个人简历。

如果这些信息不完整或者不准确，你的优秀品质就无法得到很好的展现。有些情况下，人们在加入某企业时会忘记建立原始档案。当他们忙起来之后，就更没有时间去建立或者更新自己简历中的工作经历和调派意向等。因此，可能过了 2 年之后，当企业考虑是否提拔他们而要对他们展开审查时，才发现此类信息根本不存在。即便你当初在加入企业时确实提供了信息、建立了档案，时至今日，它们也可能已经过时或者并不完整。而且，企业的变革和新技术的引入等，都会对已有数据的质量产生影响。

现在思考一下，如果你所在的企业被一家大型企业并购，随后该企业又与另一家企业合并，这将会给你的数据档案带来什么影响。你当然希望关于你的员工信息在每次并购之后顺利转到新企业的人事档案中去。然而，不同企业使用的人力资源数据系统往往并不一致。因此，每当企业发生重大变革时，员工信息都需要重新整合，接受新企业的统一管理。在此过程中，很多重要数据可能丢失。如果其他企业使用了某个重要的信息技术平台，而你原来所在的企业并没有使用这个平台，那么员工信息转入新企业的过程将会困难重重。此过程中会出现“在转录时丢失数据”的情况，而且这种情况不单单影响员工信息这一个领域。你的姓名和职务可能不会出错，但其他信息很难保证准确、完整。

某些高潜力领导者在经历企业合并之后，其个人简历中的教育经历相关信息全部惨遭丢失。这些丢失的信息中，有时甚至包括他们的高潜力人才头衔。而这个问题可能直到企业召开人才评审会议时才会被发现。试想一下，你曾为了拿到哈佛大学工商管理硕士学位花了无数的时间和心血，结果却发现自己的个人简历中并没有此项信息。人才评审会议上的领导者都误认为你只有学士学位。或者，企业正在考虑拉丁美洲市场总监的合适人选，你和另外两位同事都想获得这个晋升机会。虽然你是 3 人中唯一能流利使用西班牙语和葡萄牙语的人，而且你还拥有在拉丁美洲的工作经验，但是你们 3 人的个人简历中，既没有与语言能力相关的信息，也没有显示曾经的工作经历。换言之，企业的数据系统中没有任何信息能够表明你是最合适的人选。抑或加入目前所在的企业之前，你在某大型零售连锁企业旗下管理一个分部长达 5 年之久。在此期间，你积累了大量的一线管理经验。然而，你的现任上级并不清楚你之前的工作经验，认为你尚不具备管理大型业务部门的能力，导致你如今在企业仅管理着为数不多的员工。

因此，你要尽可能确保自己拥有一份完整、准确且保证及时更新的个人简历。如果你有访问权限，可以登录企业的信息系统，查看你当前的个人简历。在某些企业中，你能在个人主页或内网上找到自己的信息，上面还有如何更新此类信息的详细说明。但在一些企业中，想要找到个人简历并非易事，甚至此类员工数据都不是公开信息。在这种情况下，最好是与上级就你的职业规划正式沟通一次。在此次沟通中，不妨向上级提出查看个人简历的要求，确保此类信息准确无误。如果你认为实施起来有困难，那么不妨去找人力资源管理部门的专业人士，你会发现，你不仅能够通过他们查看自己的员工信息，而且还能从他们那里得到很多中肯的职业建议。

从理论上来讲，及时更新员工信息并非难事。你只需在刚开始录入信息时就做到准确、完善，然后定期检查，确保在接手新工作或上任新岗位之后及时更新，这样你就能保证个人简历里体现了你新接任的岗位和获得的绩效表现，部分企业每年都会留出一段时间，鼓励员工仔细研究员工信息管理工具，并利用这些工具来更新自己的数据。通常来说，这种企业的人力资源信息系统较为完善，而且你的信息也不会超出系统所涉及的领域。然而在某些企业中，人力资源信息系统较为落后，会导致数据出现不完整或不准确的情况。而且，当企业通过收购或合并变得越来越庞大时，两家企业的人力资源系统很可能无法很好地完成对接。

与简单的背景信息相比，个人简历通常能够体现出员工更详细的信息。一些大型企业可能会要求个人简历体现出更丰富的描述性信息，此类信息包括员工的工作经验、调派意向、职业理想、接受过的高级技能培训、获奖经历和资格证书等（见图 7-1）。

1. 关键经验。大多数企业会把你过去的职位信息录入员工信息系统，一部分企业还会列出你参与过的任务类型和关键项目等。针对来自不同类型的企业的高潜力人才的经典研究表明，人们往往能从经验中学到更多东西。此类经验包括员工曾经参与的特殊任务、正式培训和辅导等。因此，了解员工在以前的岗位上究竟做过哪些事情，将有助于企业做出判断。例如，个人简历上可能会显示你曾在 4 年的时间里，两次担任市场营销经理。如果这两个岗位分别属于不同地区的不同业务部门（比如，一个设在英国这样的发达市场，而另一个在印度那样的新兴市场），这就反映出你的一些特质以及你在不同环境中的工作表现。

姓名：约翰
职位：市场营销部总监
企业：幸运游戏公司
地点：上海
本岗位工作年限：1.3 年
工作年限：3.5 年

最高学历：工商管理硕士
毕业院校：加州大学洛杉矶分校
专业领域：金融

本企业就职经历：
- 高级营销经理，负责可动人偶的美国市场
- 营销经理，负责教育类玩具的美国市场

关键经验：
- 美国市场营销经验
- 领导大型团队经验
- 重建任务经验

其他企业就职经历：
- 市场营销经理，信息系统管理公司
- 营销经理助理，教育与技术手册制作公司

关键经验：
- 国际化经验
- 不同行业经验
- 初创企业经验

职业理想：
- 幸运游戏公司首席营销官

调派意向：无限制
语言能力：流利的英语、西班牙语

图 7-1　个人简历案例

详细的员工简历的另外一个用处，在于企业能够利用它对员工的工作经历做深度解读。比如，你的员工简历可能显示你于 2014—2016 年任美国东北部运输总监时取得了出色的表现。然而，单从职位名称本身，企业无法判断你在该岗位上究竟处理过哪些任务，你的表现是否出色，以及你从该岗位的经历中学到了什么。而如果你的简历中有信息能够表明你在步入运营岗位时，成功领导了一次运输流程方面的重大变革，那么这条信息对于企业而言

就有用多了。或者，你不仅落实了全新的流程，而且通过淘汰10%表现最差的员工提升了企业的整体业绩，同时还超预期完成了目标。如此一来，这份简历足以表明你是一名能按时保质保量完成任务的员工，并有潜力在未来承担更多职责。

如果企业试图收集关于你之前工作经验的信息，或要求你提供你在之前工作岗位上有关绩效表现和经验教训的详细信息，那么你一定要把握住机会。

2. 调派意向。你要确保你的个人简历体现出你是否愿意服从企业调派，去往其他国家或者地区的新岗位。试想一下，如果你事先夸口说愿意服从企业调派，但是当企业提出将你派往一个你不想去的地方时，你却加以拒绝，这会造成什么结果？这不就意味着你不仅放弃了一次晋升机会，还放弃了被选为高潜力人才的机会？也许结果没有那么糟，但是员工的调派意向对于企业而言至关重要。因此，你要在个人简历中清楚表明你的意向。

在过去的四五十年里，企业的管理理念发生了极大的变化。20世纪60年代至21世纪初，多数企业都认为员工应自觉服从调派，去往任何需要他们的地方。这种模式被称为"随召而动"。可能你今天还在波士顿带领团队开展工作，第二天企业就突然告诉你收拾行李去上海。如今，由于劳动合同的各种变化，新生代员工的出现，越来越多双职工家庭的产生，以及庞大的养老需求，随召而动成了过去式。企业知道，直接下达调派任务只会遭到员工的拒绝，甚至导致他们离职。

在当今经济全球化形势之下，企业需要为各个国家和地区的市场配备优秀人才，只有掌握了员工的调派意向，企业才能在人才评审会议中做出更好的判断。虽然企业出于融入当地文化、节约成本等目的，会强调招聘当地人才的重要性，但是一些重要岗位依然仅对企业内部的高潜力人才开放。此举的目的在于锻炼内部高潜力人才在世界各地开展工作的能力，使他们熟悉企业业务的方方面面。

不同企业在收集员工的调派意向时，具体关注的细节也许有所不同，但大体上来说，它们都想知道你理想的调派地点和调派时间。因此，你要确保企业知道你对各个业务地区的兴趣和生活意愿。当企业在人才评审会议上探讨部署计划时，你对调派的兴趣和意愿将成为关键的一环。如果你服从不了调派而无法满足企业的业务发展需要，那么你的晋升机会很可能因此受限。即便每个人都认为你是高潜力人才也无济于事。

3. 职业理想。类似于调派意向，许多企业也会收集员工的职业目标和理想等信息。一些设计更为复杂的人才管理系统可能会针对员工的目标岗位而制订出详细的职业规划，例如“我们认为你将来能够成为企业的首席财务官，为此，我们为你制订了如下计划”。虽然并不是所有企业都能做到这种程度，但是基本上来说，企业在人才评审会议上都会讨论这个问题：“这个员工的职业理想究竟是什么？”

我们反复强调了与上级深入沟通职业理想的重要性。在人才评审会议上，企业同样会探讨这些话题。如果会上无人知晓你的职业理想和目标，或者这些信息并未在你的个人简历中体现出来，那么企业可能不会考虑给予你某些机会。**企业需要知道你渴望升职。**如果企业告诉你，现在在北卡罗来纳州有一个销售主管的职位空缺，你明天就可以上岗，那你今晚会收拾行李准备出发吗？另外，**企业还需要知道你的长期目标。**你是希望自己在财务领域的职业道路上深耕下去，将来成为一名首席财务官，还是更希望成为一名总经理，希望自己拥有一个横向发展的职业生涯，能在职业道路上不断尝试多种职能岗位，如运营、销售、市场营销、人力资源等，以此来拓宽自己的能力领域？有一点要注意，目标明确固然重要，但不要不知变通。

当然，切勿在个人简历中伪造任何信息，如学历、毕业院校、就职经历等背景，以及企业内部的工作经验。伪造此类信息不仅是错误的行径，而且可能产生法律后果。伪造的信息迟早会被人揭穿。你晋升的级别越高，伪造信息的行为给你和企业带来的风险就越大。切勿这么做。

确保大家知道你的职业兴趣

想要在人才评审会议上获得理想结果，第一步就是要确保你的个人简历信息是完整、准确的。另一个你能影响的因素是确保一些关键人物知晓你的职业兴趣。

首先，你要了解清楚人才评审会议上有哪些与会人员。你要确保至少有一位或多位与会人员知晓你的职业兴趣。最理想的情况是，他们不仅能在会上为你发言，同时还支持你在所感兴趣的领域中深入发展。如果你的上级会出席会议，请务必确保你已经跟他聊过你的职业兴趣，并清楚地表达了你的理想和偏好。如果上级不出席会议，或者他虽然出席会议，但不会为你发言，抑或是他自己也无权发言，那么你最好与上级的上级或者人力资源管理部门的专业人士聊一聊你的职业兴趣。如果你的观点与他们不谋而合，这些与会人员一样会成为你的支持者。

例如，某位经理希望企业能派她去其他国家接任某个新的职位，于是她通过各种方式让相关人士清楚地了解了她的意向，其中包括她的直接上级、上级的上级、理想岗位的上级，以及目前所属企业和理想岗位所属企业的人力资源部门的专业人士。当企业在人才评审会议上讨论这位经理时，所有人对她的意向都一清二楚。当然，单凭这点并不能保证她会得偿所愿，因为可能会有其他候选人更加适合该岗位。但是，只要没有人认为她在利用不当手段操纵人才评审会议上的岗位安排，那么她与上述相关人员的深入沟通肯定会为她带来有利影响。

与上级、人力资源部门专业人员等人士展开深入沟通之后，你就知道自己的职业理想是否不切实际，是否与企业对你的看法不一致了。即便你是一名众所周知的高潜力人才，但在企业看来，你的某些职业理想可能并不现实，而另外一些同样不错的岗位实际上更加适合你。心怀职业理想固然不错，而且这也是高潜力人才必不可少的品质之一。但如果你是一位运营专家，在未获得任何法律学位的情况下，却总想着某天能够成为首席法律顾问，那么企业当然会认为你的职业理想不切实际。我们见过一例这样的情况。一位资深法律专家希望成为某国市场的区域总经理，但他没有财务、供应链、市场营销、销售或任何与企业经营相关的工作背景。当然，并非所有企业都会认为这种职业理想是痴人说梦，可是，如果他不事先拓展一些关键能力，填补自己在知识和经验方面的不足，那么大多数企业都会认为这种理想是很难实现的。一些学习能力超强的人最终可能确实可以达成所愿，实现行业领域之间的跨越，但此中艰辛自是一言难尽。

关于企业当前对你的看法，即便是一些微妙的区别，也值得你去深入了解。比如，虽然你现在在财务部门任职，企业认为你将来也有望成为首席财务官，但你希望将来成为区域总经理。你只有获知这一差别，才能更好地规划职业发展路径。不妨多与他人沟通来找出答案。当然，最好不要表现出一副一心想着升职的样子，上级会认为你过于肤浅，缺乏领导者所需的大局观，或是缺少自知之明。无论他做何解读，都将影响你未来获得各种机会。如果你真心想要成为下一任首席执行官，然而企业并不认为你能够胜任，那么你就要针对你的职业愿望做出一些调整。

主动出击

你要确保企业随时都能获取关于你的最新信息，其中包括基本的背景信息、职业兴趣、工作经验、偏好和职业理想。如果你有权限更新自己的个人简历，请务必经常更新。如果个人简历中有某项信息未能及时更新，那么企业可能会对系统中的所有信息乃至整份简历的有效性产生怀疑。如果出现这种情况，高管人员通常会在人才评审会议上干脆不考虑简历上的信息了，他们会等到信息更新完之后，再对该员工做进一步讨论。如果这种情况发生在某次需要敲定决策的会议上，那么你很可能会错失良机。切记一点，你的所有数据信息都是通过个人简历来体现的，因此，如果你想成为一名高潜力人才，就要让企业尽可能多地了解你。

在以成为高潜力人才为目标大步迈进之前，你还要深入了解最后一项企业方面的因素——企业文化。我们将在下一章中深入探讨。**正如加速学习能力是其他 4 项关键能力的基础，企业文化同样也是所有与高潜力人才相关的数据、流程和决策的基础。你在高潜力人才之旅中遇到的种种决定性或限制性因素，无一不受企业文化的影响。**

THE HIGH POTENTIAL' S
ADVANTAGE

高潜力人才的行动指南

1. 关于你能否在人才评审会议上被选为高潜力人才这个问题，你的业绩表现以及你与上级的关系起着至关重要的作用。你要确保上级是你的支持者。同时，你还要定期与上级聊一聊，分享你的职业理想，征求他的反馈意见。
2. 你要确保自己在各个方面都保持出色表现，并将精力集中于 4 个机会区。这是企业对高潜力人才的基本要求。
3. 尽你所能掌握 5 大关键能力并将它们展现出来，因为它们是高潜力人才的关键特征。同时，你还要尽力提升企业看重的领导能力。
4. 考虑到人才评审会议的需要，你要确保企业随时都能获取关于你的最新信息，其中包括基本的背景信息、职业兴趣、工作经验、偏好和职业理想。
5. 切勿伪造任何背景和工作经验等信息。

THE HIGH POTENTIAL'S ADVANTAGE

08

展现企业文化所重视的品格特征

假设你已经熟练掌握高潜力人才的 5 大关键能力，那么这样就能确保你一定会被企业选拔为高潜力人才吗？无论接受何种工作调派，你都能保证你的高潜力人才地位不受影响吗？如果你跳槽到另一家企业，该企业也会继续视你为高潜力人才吗？可惜的是，这些问题的答案都是否定的。

虽然你自身拥有的潜力并不会随着外界环境的变化而变化，但你所属企业的文化对你能否入选高潜力人才起着举足轻重的作用。因此，你要透彻了解企业的文化要求，并按其行事。在许多企业中，最高领导者甚至被称为“企业文化代言人”。他们不仅需要展现出企业文化中的闪光点，而且还必须时时在决策和行动中强调关键的企业文化规范。如果你被企业视为高潜力人才，而且还不断晋升，那么你也必须身体力行地展现出企业文化所重视的品性特征。

由于企业文化囊括了企业的价值观、规范、政策和各种行为实践，对企业日常运作的方方面面都产生深远的影响，因此，高潜力人才的评估方式同样受其影响。企业在历经内忧外患、成功实现自身成长之后，累积了各种经验和教训，这些都逐渐沉淀为企业的文化。企业文化的力量正是来源于此。例如，对某家企业而言，人际关系至关重要。这家企业之前的各种经历使其认识到了协同合作的重要性。来自不同职能部门的员工能够在非竞争性的环境中，以一体化的方式开展项目工作，这是该企业早期获得成功的基石。而另外一家企业更加重视个人成就。因为是个人倡导的新产品理念铸就了该企业早期的成功，所以这家企业习惯于对个人成绩予以高度肯定和褒奖。得益于企业内部的竞争文化，它在过去的15年中，每年都超预期完成销售目标。虽然这两种企业文化形成了鲜明的对比，但它们对于两家企业各自的成功都是不可或缺的。问题在于：考虑到你的性格特征和才华潜力，你觉得你在哪种文化中更有作为？你是喜欢在团队中与人协同合作，还是更喜欢独立工作？

不同企业的模范员工标准可能完全不同。对于大多数企业而言，企业文化与本书所阐述的5大关键能力同样重要，甚至前者比后者更加重要。不同文化可能会对同一行为做出截然不同的解读。例如，正式会议之前，以闲聊一些周末活动或者家庭琐事作为开头，这样的方式在一种企业文化中可能会被视为一种调动员工积极性的方法，而在另一种企业文化中则可能是浪费时间、缺乏纪律、管理不当的体现。如果你的各种行为不符合企业文化，那么企业可能就不会视你为高潜力人才。

因此，你需要找到方法去识别、理解企业的关键文化要素，将其融入自己的日常行为和选择中去。如果你发现自己的价值观、行为与企业文化能够完美契合，那么你会感觉自己如鱼得水、未来可期。

然而，有些时候，你可能在刚刚接触到核心企业文化时，就质疑自己当初选择来到这里是否正确。你可能会意识到自己与企业文化格格不入。这种情况时有发生，尤其是当人们跳槽到另一家企业甚至另一个行业时。他们低估了文化契合度对成功融入新企业而言有多重要。如果你只是换企业而没有转入新的行业，那么你只要通过业内人士的口耳相传和常见企业点评网站上的评论，便可了解业内一些主要企业的文化风格。

但是，如果你决定转入新的行业，例如，从金融服务领域换到咨询、医疗保健或社会服务等领域，那么不同行业之间的巨大文化差异可能会令你感到震惊。

你必须了解清楚由企业文化所决定的行为方式都有哪些，因为它们会影响人们对你的高潜力人才称号的看法。它们也将决定你的职业生涯，使你认清当前企业是否适合你。你必须在进入一家新的企业之后，尽快认清这类由企业文化决定的行为方式。从事新工作的第一天，你就会面对来自企业文化的考验。你要在与他人的互动中做出与企业文化相契合的正确选择。想象一下第一次参加会议的情形。你不仅对与会人员知之甚少，对会议中的各种规则更是一无所知。比如，你需要对谁做出最快的回应，该如何回应？是与会人员中职位最高的人，还是会议中发言最积极的人，抑或是来自某个特定职能部门的人员，如财务人员或者销售人员？你应该更关注自家团队成员的反应，还是其他团队成员的反应？针对某项建议，你是应该展开辩论、予以支持、提出质疑，还是保持一个新人该有的沉默？当一位高层领导者直接向你发问时，你应该如何应对？如果对话中涉及企业文化方面的内容，你必须弄清自己要重点关注哪些人、哪些事，这一点至关重要。你要尽快把握其中精髓。

本章中，我们将研究文化是如何影响企业对高潜力人才的界定的，还会探讨文化是如何决定员工的职业道路的。随后，我们将带你解读一些最常见的文化维度，向你展示如何才能透彻地理解文化，帮你找到“我是不是适合待在这家企业”这一关键问题的答案。

企业文化既是助推者又是绊脚石

关于企业会视你为高潜力人才还是普通员工的问题，企业文化在其中会产生什么影响？理想情况下，企业文化应该不会有任何影响。“潜力”理应只关乎你自己，是你在更高水平上获得成功的能力。但在现实中，企业文化却会产生巨大的影响。**不同的企业文化可能会对同一种行为做完全相反的解读。**

以某企业为例，该企业通常在会议的准备阶段或者总结阶段做出最终决定，而不是在较正式的决策会议上做决定。在这种文化中，如果你善于感知情境，那么就更容易获得成功。你会事先知道自己需要与 3 ～ 4 位关键决策者深入沟通，尽量使自己提出的要求或方案与他们的需求一致。那么，决策团队在做出最终决定时，就会在某些方面与你提出的方案接近。如果你能通过这种方式，使企业最终做出对你有利的决定，那么上级乃至更高层的领导者都会视你为“能办成大事”的理想人选。对于一些准备工作，他们会依靠你来确保与相关人员的沟通。而随着你逐步深入非正式的决策过程，并与决策人员建立起熟络的关系，你就能更好地把握企业的职场政治环境。

但是，并不是所有企业都认为这种决策方式是妥当的。某些企业会认为，正式决策会议之前的私下沟通与健康、公开、坦诚的讨论背道而驰。这些企业还会认为，试图通过旁敲侧击的沟通和一些暗箱操作的手段来办事，将会扼杀员工的创新精神。它们对以这种方式行事的管理人员极为不满。一些高潜力人才试图通过幕后的手段来影响决策，最终被冠上了“善于耍手段、欺骗他人”之名。具有讽刺意味的是，这些人恰恰是因为太善于感知情境了。在不适合的企业文化中过度使用了情境感知的能力，最终会破坏这些人的职业生涯。

其中的诀窍在于，你需要了解清楚企业的决策过程，并判断出究竟应该在何时、何地，以何种方式去影响他人。然后，利用情境感知的能力灵活应对。

企业文化深刻影响着你的职业走向

企业文化还将决定你的高潜力人才之路能走多远。在某些企业中，高潜力人才的称号是一个相当宽泛的概念，企业对获得该称号的员工并没有任何实质性的规划。在这种情况下，你的职业生涯可能充满不确定性。而另一些企业会对高潜力人才做进一步的规划，去了解当事人具体拥有哪些潜力。你将来是有望成为总经理、财务高级副总裁、业务部门总裁，还是首席信息官？不同企业对于培养高层领导者的方式有着不同的文化理念和框架，因此它们对“潜力”的理解也各不相同。例如，一些企业更加重视横向发展领导者的能力，而不要求他们去深耕某个专业领域；而另外一些企业则倾向于培养高层领导者的深层能力，要求他们在某个领域拥有极强的专业能力。比如，对某些企业而言，未来科技的进步可能会对业务起到关键的推动作用，那么高层领导者就必须深入掌握相关知识。此外，人才培养计划的具体形式在不同企业中也各不相同。一些企业会规划出正式的流程和清晰的职业发展道路，而另一些企业则是顺其自然，更加注重具体的业务需求。因此，你要了解清楚企业对高层领导者能力的培养持何种看法，然后进一步确定应该采取的措施。

在职业生涯早期，如果你所在的企业有着结构清晰的晋升路径，这将对你数十年后居于什么岗位产生深远的影响。例如，在许多企业文化中，一般有 2 ～ 3 个职能部门的地位要高于其他职能部门。在有些企业中，财务部门和运营部门的员工最有可能晋升为最高层领导者。在有些企业中，可能是销售部门和工程部门的员工机会最大。还有一些企业中，能否晋升为最高层领导者取决于员工是否拥有全球化管理经验。

仔细观察你所在的企业并思考一下：“企业的高潜力人才大多数来自什

么职能部门?”“想要成为最高层领导者的话，我需要在哪些职能部门工作过，或者要有哪些方面的经验?”如果你对市场营销充满热情，希望自己有朝一日成为一家大型社交媒体或互联网软件企业的首席营销官，那么，当你发现一家企业的最高层领导者中几乎没有人拥有营销相关的工作背景时，就要再仔细考虑一下了。相反，如果你找到一些品牌知名度较高的企业，它们的首席执行官或者不少高管都拥有令人印象深刻的营销相关经验，那么这些企业会更加适合你。

总而言之，对于你要加入的企业，你需要仔细了解清楚其高层领导成员的职业经历，尤其要关注新上任高层领导者的晋升之路，以免忽略某些新的趋势。当观察一种企业文化时，你要重点观察它赋予了哪些职能部门最大的影响力。如果该企业是一家上市企业，那么你可以通过互联网轻松获取相关信息。即便是私营企业，大多数企业也会把高管的背景信息发布到官网上。

确定了从一些固定的职能部门晋升到高层领导岗位的路径，也就意味着你要在职业生涯早期深入掌握某些专业知识和技能。例如，宝洁公司的前首席人力资源官莫希特·纳格拉思（Moheet Nagrath）曾告诉我们，在宝洁的企业文化中，那些希望不断获得晋升的人必须拥有极强的写作能力，能够写出极具说服力的文字。而这种能力正与 5 大关键能力中的化繁为简的能力密切相关。

在职业生涯早期，宝洁公司会针对如何开展有效沟通的问题，对经理们进行许多指导。其中既包括文字表述，也包括口头陈述。企业十分看重写作能力，希望员工写出简洁精练、说服力强的文字，尤其强调以单页便函的形式来进行沟通。这就迫使员工事先缜密地思考给出的提案，分清信息的优先等级，确定必须传达的信息。思考得越缜密，文字表述也就越清楚，口头陈述也越有力。当然，并不是每个人都擅长这些。但是这些能力对于营销部门的员工来说不可或缺。而营销部门正是宝洁公司最重要的职能部门之一。由于宝洁公司是一家以市场为导向的企业，广告自然是说服消费者购买产品的首选方式，因此营销人员必须具有极强的说服力。除了绩效表现，是否能以清晰而有说服力的方式沟通，这一点也逐渐成为企业在品牌经理中选拔高潜力人才时所考量的指标。随着职位的晋升，管理者需要承担更重要的责任，此时，文字表达和口头陈述能力就变得更加重要了。他们必须证明自己能够以清晰、果断、极具逻辑性的方式去思考。但这并不是说，拥有极强表达能力的人就一定会被企业视为高潜力人才，而是说，从企业文化层面来看，这种能力在高潜力人才选拔中无疑是重要的加分项。因此，宝洁公司的大多数领导者除了拥有自身的领导能力之外，往往还非常善于沟通。

单页便函的沟通方式是宝洁企业文化中的一大亮点。而在其他企业中，领导层多数采用演示文稿进行沟通，撰写便函的方法可能对他们来说十分陌生。因此，在后者的企业文化中，你需要快速学会如何在会议上通过演示文稿进行沟通。比如，事先知道哪种陈述风格更有效。你需要多多观察，了解他人在会议上陈述时是如何规划内容，又是如何据此展开讨论的。例如，人们是以文件资料还是演示文稿为基础展开陈述的？与会人员在做笔记时，是使用笔和纸，还是使用笔记本电脑或者平板电脑？当然，了解企业文化的方式不胜枚举。各种各样或隐晦或明显的迹象都能帮你识别、理解并适应企业文化。接下来，我们将对此做进一步的探讨。

首先你需要理解，在你能否被企业选为高潜力人才的问题上，企业文化会在几个领域产生重要影响。让我们先从对你能否被选为高潜力人才影响最大的领域开始探讨。这些领域中的组织文化要素基本上定义了企业整体的文化基调。如果你与这些组织文化要素格格不入，那么无论你表现如何，大家都很难视你为一名高潜力人才。随后，我们将深入探讨文化的两个决定性要素——任务指标和社交动力，以及它们对你能否获得高潜力人才地位所产生的影响。

5 大文化变量

从本质上来说，企业是一群人以结构化或半结构化的方式一起完成一些常见的综合性任务。除了正式结构和奖罚政策之外，文化是决定你每天如何与同事共同完成任务的关键因素。在下面 5 个领域——人际关系、沟通、决策风格、个人观点和团队观点，以及变革的文化导向的表现，将对你能否被选为高潜力人才产生至关重要的影响。接下来我们将一一讨论。

人际关系

虽然你与同事的关系在每家企业中都很重要，但你需要确定的是，人际关系究竟在决策和协调行动中发挥了怎样的作用。人们如何建立和维系彼此之间的关系？在做出决策之前，应该事先与谁沟通，企业是否允许这种事先沟通的行为，以及沟通中有哪些规矩？比如，对于某项重大决策而言，仅与同事或上级进行一次会议讨论就够了，还是需要每周或每月与决策相关人士共餐一次，保持联系，才可以影响决策？在一些企业中，想要对同事产生影响力，就必须与他们共度几天的时光，加深对彼此的了解，增加彼此之间的感情。在此之后，打电话或者发电子邮件保持联系即可。而在另一些企业中，视频或电话会议就足以建立起你与同事的关系。

沟通

在企业内部，人们是如何沟通的？总是以较为正式的形式进行沟通，如预先安排会议等，还是会直接打电话或者去某人的办公室当面聊？在某些企业中，你可能无法邀请比你级别高的领导者来你的办公室里开会，会议地点必须安排在他们的办公室，而另外一些企业，习惯将此类会议设在会议室或者公共活动空间。在会议上陈述时有哪些规范要遵循？陈述者是否需要准备好演示文稿？是否要准备白皮书或者简报？领导层是否乐意阅读简报？在一些企业中，陈述者喜欢用长达 50 页左右的文稿展开陈述，其中包含大量的细节和分析，而在另一些企业中，人们会将讨论内容限制在单页文稿以内，甚至根本不使用任何文稿。

决策风格

企业文化是更偏向于鼓励人们采取行动，还是鼓励人们通过分析达成共识？在偏向于鼓励人们采取行动的企业中，人们的决策时间和注意力集中的时间都较为有限，这将给沟通过程带来巨大影响。例如，你可能需要提前向关键利益相关者提供他们所需的信息，以便他们在会议上做出决定。

还有一些企业则偏向于鼓励人们对选择、模型和策略进行更长时间的讨论，讨论中通常涉及大量的支持性材料和分析。因此，在这类企业中，人们要有足够的耐心。问题在于，你自身更偏向于哪种决策风格？这种风格能否与企业文化完美契合？你是喜欢人们在会议上通过理性辩论来达成共识，还是说，这种花大量时间进行讨论的决策方式会让你抓狂？你是不是那种更愿意快速做出决定然后向前迈进的人？企业所偏向的决策方式，还会影响它对员工的看法、给员工安排的任务，以及是否给予一些员工晋升机会。因此，当你步入一家新企业时，请务必了解该企业的决策风格，以便适当调整期望。

个人观点和团队观点

在一些企业中，工作任务主要由员工单独完成，工作成绩也属于员工的个人成绩；而一些企业则更注重团队的协同合作。企业究竟是注重个人独立工作还是团队协作，通常可以从企业分配绩效奖励的方式看出来。当然，也可以从企业内部竞争状态以及各部门、业务之间的差异看出来。如果企业在工作中强调员工要独立完成任务，那么通常它会更欣赏个人英雄主义，更偏向于嘉奖并提拔雄心勃勃的高潜力人才。然而，这同样增加了高潜力人才“失宠”的风险，我们将此过程称为“从云端跌入谷底”。这种风险在重视团队合作的企业中比较小，但也使个人很难凭一己之力脱颖而出。因此，关键还在于企业更倾向于赏识何种人才和你更喜欢以何种方式开展工作。

变革的文化导向

对高潜力人才地位产生影响的最后一个领域，就是企业的文化导向对管理变革的影响。在许多情况下，作为一名高潜力人才，企业会要求你去推动变革。事实上，在整个职业生涯中，你会屡次接手推动变革的任务。通常来说，如果企业突然调来一位旨在做出内部整顿的高潜力领导者，人们自然会充满敌意，不愿配合其开展工作。在习惯于变革、接受程度较高的企业中，你去接手变革任务之后产生的风险会小一些。而对于那些变革速度缓慢、经常受阻而鲜少成功的企业而言，你去接手此类任务的话，风险则大一些。企业的这些差异也解释了为什么那些敢于挑战企业传统惯例的员工，有些人能因此成为高潜力人才，而有些人却因此断送了职业生涯。

对于接手变革任务的人而言，文化导向是需要高度重视的复杂因素。不过，此类任务大都以失败告终。这些变革领导者可能在岗位上任前没有接受适当的入职培训，也可能在推行变革时未能得到高层领导者的支持，从而导致企业内部出现了极大的阻力。他们没能认识到遵守企业文化导向的重要性。许多惨遭失败的人误认为自己可以放手去干、全力整顿，而不用考虑企业文化。对于接手变革任务的高潜力领导者而言，首先要面对的挑战就是确定文化中哪些方面需要做出改变，哪些方面需要予以尊重和加强。

为了让你更准确地理解应该要适应哪些方面的文化要求，接下来，我们将深入探讨任务指标和社交动力这两个方面。你需要通过观察来判断什么样的企业文化最能引起你的共鸣，从而认清你在什么类型的企业中能够茁壮成长，成为高潜力领导者。

尽快掌握任务指标

任务指标是能够反映工作完成方式的文化要素。它指的是人们在工作中所遵守的规则，其中包括人们分配和管理工作任务的方法，衡量绩效的方法，企业在个人贡献和团队贡献上的偏好度，交付成果的最佳方式，以及在合规性、安全性、质量和其他标准上的硬性要求。这些指标反映了日常工作中的基本任务，企业可能已经将部分指标纳入正式的政策和计划之中。无论如何，越早掌握这些指标，对你的职业生涯就越有利。

在一些企业中，每个岗位有特定的衡量指标，员工要根据这些衡量指标来完成任务，才能受到嘉奖。例如，如果你在一家汽车经销店工作，那么你销售的汽车数量实际上就体现了你的业务水平。虽然当你处于经销商级别时，可能还会涉及团队合作，但归根结底，你的薪水和未来潜力全都取决于你作为独立销售员在一线销售时的业绩表现。如果你没能卖出足够多的汽车，那么无论你有多善于合作，哪怕曾经因为成功策划过垒球比赛而深受大家喜爱，也都无济于事。

个人主义文化通常偏向于褒奖个人成就而非集体成就。在此类环境中，你不仅需要完成计划中明确列出的所有目标，还要在一部分目标上获得优异表现。你的成就即便是以牺牲他人的利益为代价，也无损于职业生涯的发展。在这样的竞争环境中，人们奉行的是“赢者通吃”的原则，这就使你很难与同事建立长久的合作关系。

而在一些企业中，如航空航天、制药或能源行业中的企业，从产品开发到商业化生产通常需要经历很长的周期。若想将产品成功推向市场，需要众多职能部门实现紧密合作。尽管个人成就仍能使个体在此类环境中脱颖而出，但由不同职能的团队共同接手的项目或提供的服务，更有可能被视为整个团队的努力。因此，此类企业文化通常偏向于褒奖协作行为，而那些喜欢抢风头的人则很难受到赏识。想要在这种文化中成为一名高潜力人才，你可能要收起勃勃雄心，把精力更多地放在打造自己的人际交往能力上，而不要去过分强调自己做出了多大贡献。

接下来，我们将列出其他一些任务指标。虽然并不是所有指标都直接影响你的高潜力人才地位，但了解清楚哪些是你所在企业中必须遵守的硬性指标，这对你的成功至关重要。

在一些企业中，当上级询问你是否愿意接受一个新的岗位时，你能够轻松获知任务目标和业绩衡量指标。如果你希望凡事都有清楚的章程，那么这些企业显然非常适合你。无论是对于完成日常的工作来说，还是对于长期职业规划而言，明确的岗位职责都能使人感到清晰明了、稳定踏实。

然而，在另一些企业文化中，企业很少对员工的工作岗位给出正式的定义。除非你接手了某个岗位，否则你可能永远都不会知道它的具体职责。在此类更加“有机”、更富企业家精神的企业中，岗位层级结构可能较为模糊分散，这就使得你理解清楚岗位职责和工作关系会比较困难。在矩阵式企业中，你甚至可能有多位上级，这无疑会使情况进一步复杂化。比如，你拥有两位分别来自业务部门和职能部门的上级。但是对某些人来说，这种情况反而更加有趣。这取决于你对不确定状态的容忍程度。在此类企业中，当你晋升到一个新的岗位时，总是会面对新情况、处理新任务。极富创造力和企业家精神的人通常更倾向于选择这种岗位，因为这样的文化符合他们顺势而为的性格。但是，如果你认为想要实现自己的职业理想就必须有一条清晰的道路，那么结构更明确、运作更正式的企业对你来说会是一个更好的选择。

围绕关键利益相关者的企业决策

在某些文化中，当企业做出重大决策时，始终会考虑到特定利益相关者的需要。例如，如果你要到一个必须与某个关键客户企业紧密合作的岗位上任，那么在任职期间，你可能不得不搬到客户企业的总部附近，并在那里工作、居住数年之久。在咨询公司，初级咨询师被派往客户企业某个分部工作的方式十分常见。我们见过许多人被派往百慕大、日内瓦或者迪拜等繁华之地，也见过许多人被派往底特律、利物浦或者蒂华纳（Tijuana）等地。当然，由于各人的评判标准不一，所以某人认为普普通通的派驻地，可能对于另一个人而言是十分理想的地点。但无论如何，你都需要为此做好准备。

在另一些情况下，企业会从利益相关者的角度出发，更多地考虑成本效益。例如，在某知名酒店集团，大多数决策由酒店产权人的利益主导。而在另一家保险公司，投保人的利益则永远是第一位的。某保险公司正在考虑要将一名极具才华的资深管理者提拔到最高管理层。但是，由于该管理者并不想举家搬迁到新的派驻地去，因此他提出要求称自己接受新岗位的前提是企业能报销他每周的机票费。如此一来，他就能在工作日期间待在企业总部工作，周末再飞回家。最高管理层的决策者仔细讨论了这名管理者去总部后能给投保人带来的益处，最终认为这些益处不足以抵消为其报销机票费所造成的损失。于是他们拒绝了该管理者的要求。总之，你要判断出哪些人属于企业的关键利益相关者，并且在做决策时将他们的利益考虑进来。

如何与他人共事

不同企业的文化差异还体现在人们如何与他人共事上，其中包括会议礼仪、奖励赏识，以及合作是以临时性团队还是以永久性团队为主。这些通常与企业的规模无关，而与企业中最高领导层的领导风格有关。这属于人际关系中的“文化涓滴效应”。对某家企业来说，开会时全神贯注、积极发言是硬性要求。而对另一家企业来说，开会时可以接电话或者用笔记本电脑处理一些紧急事务。在这两家企业中，这些规则人人适用，无关岗位级别和所属职能。究竟是全员协同合作还是个人独立完成，关于开展工作的最佳方式，人们持有的深层信念往往就体现在这些规则之中。

如果企业的领导者更加开放、平易近人且善于变通，那么员工在举行会议、制订项目计划、绘制时间表、订立合同和为团队配备人员时，往往都会以人际关系为基础来开展工作。即便是高层领导者的会议，你受邀参与的可能性也比较大。相较于个人成就，你对团队的贡献更容易受到企业的赏识。

虽然对许多人来说，这种工作氛围似乎十分吸引人，但这也意味着你不仅要处理手头上的任务，还要花大量精力去建立人脉、与他人互动。如果你生性内向，喜欢独立思考、埋头苦干，那么这种工作环境会令你望而生畏。你可能需要花更多精力才能脱颖而出，成为高潜力人才。

对于具有A型人格[①]的领导者而言，这种需要同时将精力放在维护人际关系和处理工作任务上的工作风格，可能是他们晋升之路上的绊脚石。他们往往不屑于打造和维护人际关系，认为这种行为是在浪费时间。如果你想要凭自己的实力脱颖而出并获得企业认可，那么你可能需要选择更重视个人主义的企业。

在判断企业在这方面的文化要求时，可以提出以下问题：企业采用什么样的绩效奖励制度，是否会以绩效来确定员工薪酬？是更倾向于奖励个人贡献还是团队贡献，抑或是同等视之？是更倾向于通过绩效加薪和年终奖金等方式来引导和激励员工做出短期贡献，还是更倾向于通过股票期权、限制性股票和留任奖金等方式，在短期和长期激励之间取得平衡？独立完成短期贡献并非难事，但对于长期贡献，则要以更具战略性和协作性的方式去开展工作。如果企业制定了上述激励机制，那么这些制度涉及哪些指标和行为？员工在团队中又是如何交流的？只是维持着表面上的礼貌友好，还是实现了真正意义上的亲密合作？初来乍到的外部人士会不会因为没能事先建立起人际关系而屡屡碰壁？

---

① 一种人格类型，以具有高水平的竞争意识、强烈的时间急迫感、较强的攻击性、强烈的成就感等为特征的人格倾向。——编者注

识别社交活动中的不成文规则

企业文化的另一个关键要素是社交动力，也就是人们在非正式场合中的互动方式。社交动力体现了你与同事共事时种种不成文的规则。这些与文化相关的规则，对于你能否被企业视为高潜力人才至关重要。

以斯科特为例，他是一名很有潜力的软件工程师。毕业 10 年左右，他加入了一家制造企业。斯科特不仅履历无懈可击，而且有着深厚的专业知识和突出的能力。在加入新企业的头 6 个月，他以创新思维和批判性分析解决了企业亟须解决的不少问题，给上级和其他高层领导者留下了深刻的印象。他提供了许多新流程方案，获得了数位高管的一致认可。因此，入职不到 1 年，企业就将斯科特视为高潜力领导者。于是，他开始接手并领导多个关键项目，其中包括重新设计某核心生产系统软件。

虽然斯科特心里清楚，该企业的文化或多或少有排斥外来人员的倾向，而且他还发现，人际关系在工作中发挥着至关重要的作用，但他依然在项目管理工作上选择了直接、专注的行事风格。对他的任命受到了企业最高管理层的支持，这令他产生一种强烈的紧迫感。于是，他决定待自己取得一些初步胜利之后，再去建立人际关系。

然而，由于斯科特在入职初期未与同事建立起良好关系，在短短几个月内，他就惨遭失败。虽然刚任职不久，他就发现了建立人际关系的重要性，但他没有重视。比如，他很早就注意到一件事，那就是虽然大家对他的建议都予以肯定，但在落实这些建议时，进度却非常缓慢。不久之后，他开始发现，大家对他的建议的可行性提出了各种各样的质疑。最后，面对他的建议，大家通常给出的回复都是“谢谢你的建议，但我们已经解决问题了”。

虽然斯科特的建议合理可行，但他没有建立起落实此类建议所需的人际关系网络。由于他没有花时间和精力去和同事们建立感情，这令他们心生不满。最终，斯科特从高潜力人才降级为优秀员工。同时，企业还将他横向调往另一个影响力极为有限的岗位。12 个月之后，他离开了该企业。幸运的是，随后他加入了一家企业文化与他更为契合的企业。如今，他是该企业某职能部门的负责人。

关于在社交动力中需要识别哪些不成文的规则、如何按规矩行事，可以从下列问题着手。

1. 应在何时、以何种方式寻求帮助？例如，在某些企业文化中，寻求他人帮助是一种积极的表现，体现出你坦率开明、勤学好问，愿意向他人寻求信息和反馈，乐意与他人合作的优良品质。而在另一些企业文化中，在上级、同事眼中，寻求他人帮助意味着一个人无法胜任当前的职位。在重视个人主义、并以任务为导向的文化中，“帮助”他人完成任务会对施以援手和接受帮助的双方都带来负面影响。

2. 你是否需要完成超出职责范围的工作？对于你已经达成绩效目标的表现，企业是有明确的优劣等级（差、中等、良、优秀）定义，还是说，为了被企业视为高潜力人才，你必须完成超出职责范围的工作？人们对高潜力人才有什么样的期待？他们是如何衡量这种期待的？你是可以在仅完成份内工作的前提下，就得到企业的认可和赏识，还是说，你必须在完成本职工作的基础上处理许多分外之事，才能获得企业的赏识？

3. 你什么时候才可以在会议上向上级、同事提出质疑？当然，提出质疑是否合适，这取决于上级的态度，但企业文化同样有着极大的影响。在某些企业中，上级希望看到你以一种尊重的态度对各种观点展开辩论，以便确定你是否拥有未来领导者必备的分析能力和自信心。因此，你需要清楚地知道应该在什么样的情境下、以何种方式提出质疑，才能获得大家的认可。

4. 你应该花多少时间和精力与同事建立关系？一些企业文化决定了人们建立人际关系的方式。例如在餐厅里共进午餐，下班后定期参加社交活动，或者在走廊上聊天，等等。企业办公环境的设计和布局可能会对人们建立人际关系的方式产生影响。在某个地区或全球范围内偏远办公地点的数量也会产生影响。还有，企业是否允许员工使用沟通类的技术手段，这也会对人际关系的维护产生影响。例如，你所在的企业是否拥有高端视频会议等设备，是否允许员工在工作中合理使用社交网站？试想一下，某企业以完全虚拟的方式开展工作，同一团队的成员甚至都不曾见过彼此，这会形成什么样的局面？对那些在办公室或小隔间工作多年的人来说，这种方式会显得很不可思议。然而，对精通社交媒体和物联网的年轻一代来说，他们早就习以为常了。

5. 你在度假或旅行时需要随时待命吗？不同的上级对此有着不同的偏好，但总的来说，你所在的企业可能会认为除非出现真正的紧急情况，否则员工在休假时不应受工作打扰。在这种文化中，如果你刚就任某个职位就打破这一不成文的规定，那么你很有可能会被大家视为不懂得体恤他人的负责人。而在另一个企业中，你可能需要随时随地全天候待命。如果你在休假期间没有及时回复短信或者电子邮件，那么企业很有可能会认为这是一种懈怠的表现。

6. 你应该在何时何地表扬个人或团队？是当众公开表扬还是私下表扬，或者干脆不表扬？如何给予奖励和表扬，谁有资格获得这些奖励与表扬？只有高潜力人才才有机会获得表扬，还是说，B 级员工同样会因为表现出色而获得表扬？一些企业可能因为在短时间内不考虑提拔 B 级员工，于是通过这种方式激发他们的积极性。另外，职位名称是如何设置的？企业是会战略性地利用职位名称来表彰员工的贡献，还是会严格地针对特定岗位和级别来设置职位名称?

7. 关于上班和下班期间的社交活动，有哪些不成文的规定? 当同事和上级邀请你参加企业活动和正式晚宴时，你必须参加吗?同事组织的篮球队每周五打篮球，或者同事节假日打高尔夫球之类的活动，你是不是也不能拒绝?你是否必须参加所有职工大会、颁奖典礼或者具有里程碑意义的重要聚会，如企业周年庆、某位员工的退休庆祝活动等，还是说，如果接受表彰或祝贺的人与你关系密切，你才需要参加?

影响人们看法的无形因素

除了任务指标和社交动力之外，企业文化中其他更为无形的因素同样会影响你的高潜力人才地位。这些因素看似微不足道，却不容小觑。它们包括着装（例如，在何种场合下必须穿正装或休闲装，以融入集体的穿衣风格）、肢体语言（例如，何时需要庄重严肃，何时可以自在放松）、风格和举止、口语表达（例如，某企业不喜欢员工之间互称“大伙儿”）以及卫生习惯。市面上以工作场合中的肢体语言为主题内容的书数不胜数。有些人虽然具备了担任高层领导者应该具备的所有能力，可是仅仅由于没有注意到此类无形因素就惨遭淘汰。其中，因不讲卫生而无法获得晋升，就属于较为极端的例子。

当然，此类因素看上去似乎很肤浅，在某些情境中甚至带有一定的歧视性，但它们仍是你在企业中需要面对的现实。你见过哪些大企业的首席执行官衣衫不整，说话含糊不清，或是举手投足之间充满紧张感?针对高管的指导培训之所以拥有很大市场，不是没有原因的。而其中一部分指导内容就是针对“高管仪容”和“形象气质”的管理。

如果有人说你缺乏高管气质，请务必认真对待。如果你收到这样的反馈，表明你晋升至最高管理层的道路受到了限制。你要找出自己究竟缺少何种高管气质，然后有针对性地努力培养。例如，你是不是缺乏有效沟通或者说服别人的能力？是不是你的外表、肢体语言、姿势方面等稍有欠缺？这些因素都至关重要。虽然拥有高管气质无法保证你最终进入领导层，但缺乏这些气质肯定会阻碍你成为高潜力人才。

如何融入新文化

你应该如何从行为上适应企业文化？比如，你是需要长期适应企业文化，还是只需要在刚加入企业时适应一段时间就好？在刚加入企业时，你如何判断出需要适应哪些文化？在什么情况下，哪怕你特立独行一些，也不会带来负面影响？

当我们讨论文化对于高潜力人才地位的影响时，通常是指你在加入某家新企业或者转至某个企业的运营团队时所面对的情况。如果你已经在某个企业工作了好几年，那么你可能已经对90%的企业文化谙熟于心。然而，不同级别的职位有着不同的文化规范，而且不同的业务也有不同的文化规范，甚至不同职能部门之间、现场运营部门与企业总部之间也是有这方面差异的。不过，在小企业中，无论职位级别或者部门是什么，往往都有一致的规范和价值观。当你调往新的职能部门或者业务部门时，请务必注意新的文化要求。一旦了解了文化之间的细微差别，你就可以在一段时间之内观察自己的行为是否与所处的情境相适应。

如果你是新入职的员工，或者通过企业内部调动，进入一个新的业务部门，那么可以在刚上任时，借鉴一下企业的正式入职流程，因为它能为你提供指导和帮助。可惜的是，大部分企业在入职培训方面做得都不够到位。很少有企业会告诉你其详细的文化规范内容，他们可能只会对一些与工作任务相关的流程，如绩效管理方式、休假制度、预算方式等做详细说明，但极少会针对文化方面提供给员工一份注意事项。你必须锻炼自己的观察技巧，注意一下你参与的会议中有哪些行为规范，看看人们在什么时候、以何种方式与他人展开互动，还可以从办公室的八卦传闻中听到一些关于某人行为不当的消息。

但是，如果你是一个十分想要了解企业文化的新人，我们建议你找一位文化指导老师。一些企业安排了专门的指导老师，对新人进行文化方面的正式指导；而另一些企业则没有设置相关岗位，你需要自己摸索。最重要的是，你要确保身边有值得信任的人，他能够帮你判断你需要避免哪些问题；此人还会给你提供指导，使你不会在不知情的情况下违反企业规则。加入新的企业之后，你要尽快确定值得信赖且消息灵通的人，并开始与他们建立牢固的关系。他们或将成为你的导师，帮助你确定职业发展道路。

守住真我 VS 适应企业文化需求

你应该如何在守住真我与适应企业文化需求之间保持平衡？为了适应文化，你又应当做出多少改变？

当你在考虑工作方式时，首先要了解自己的偏好。你要根据自己的性格偏好和过去的经验，深入了解自己究竟愿意适应什么样的企业文化。你是喜欢独立完成任务，还是喜欢与他人合作？你是喜欢先独立思考，然后与他人分享自己的想法来征求反馈，还是喜欢在自己的想法和解决方案还不成熟时邀请他人共同参与进来？你是喜欢同时处理多个不同项目，还是喜欢按顺序依次处理单个项目？你是喜欢与很多同事建立人际关系，还是只愿意与完成工作所需要的少数几位同事建立关系？你是愿意在下班以后与同事继续交往，还是更倾向于将工作和私人生活区分开？你是喜欢远程工作环境，还是喜欢大家都待在一起忙里忙外的工作环境？

在了解了自己的工作风格和偏好之后，你还要了解企业的工作风格和偏好。因此，你需要观察企业的工作环境和人们开展工作的方式。员工之间是深度协作，分工合作，还是简单地彼此配合一下？人们是会共享想法和荣誉，还是不愿意共享信息，只在不得已的情况下才分享出来？高层领导者是怎样对员工的优秀表现给予认可的？是在公共场合或在私下交流中给予表扬，还是两种方式都有，又或者领导者根本不会去表扬员工？在会议上，对于他人的想法和建议，人们是可以自由地提出质疑或者修改建议，还是说，会议通常都是由领导者或者关键职能部门的代表来引导讨论方向，使会议更有秩序的？大家是上下班都随时保持工作上的联系，还是在下班之后、休假期间就不处理工作事宜了？在完成任务方面，人们是根据明确的规定和岗位职责逐步完成，还是根据各自的偏好，以创新的方式去完成？人们是在会议之前相互通气、预先确定决策，还是非常不齿这种不通过正当途径达到目的的职场政治手段，并坚持以公开公正的原则在会议中做出决策？明确岗位和职责的企业文化究竟会给你带来积极影响，还是消极影响？

上述内容与我们在前文中所探讨的并无二致。但你还要记住一点，那就是企业文化如同人的个性，某些方面会隐藏于表象之下。只有在接触过一段时间之后，你才能窥见较为隐秘的特征。或许有人会告诉你应该怎样行事，然而实际情况却并不一定如他所言。因此，想要了解企业文化，观察是最可靠的手段之一。你要认真观察人们之间的互动，与可信赖的朋友、导师探讨你的见解，并且深入观察各种情境。

在了解企业的社交动力方面，也应遵循类似的策略。首先，了解你自己。互联网上有各种各样旨在帮助人们实现自我发展的测试工具，你可以通过人格测试或其他类似的测试，了解自己对工作方式的偏好。你必须清楚自己的优势和发展需求。然后，你要仔细观察在你即将加入的企业中，大家是以何种方式开展工作的。企业文化是鼓励人们自由搭建人际关系网，还是要求人们依据正式的规章制度和严格的层级结构来建立人际关系？人们是会在大厅里聊聊周末趣事，还是只通过办公软件沟通工作事宜？只有那些玩得开的人才会在下班时间或者节假日一起出去玩吗？你是否需要重新提升一下高尔夫球技或者足球球技，以加入企业的球队？人们对寻求他人帮助、指导和反馈的行为持何种态度？是将其视为一个人拥有开放和成长型思维的标志，还是视为软弱无能的体现？你需要对此类问题快速做出判断，才能尽量使自己保持住高潜力人才的地位。

企业文化十分复杂。在职业生涯早期，你就应该密切关注，试着去观察和理解本章中探讨的全部文化因素。在某个企业工作的时间越长，你就越不用去担心其中的文化要求。就像水中之鱼，你不知不觉中就能游刃有余。**企业的高潜力人才身上，往往体现着企业最看重的文化特征。**

THE HIGH POTENTIAL' S
ADVANTAGE

高潜力人才的行动指南

1. 想要获得并保持高潜力人才的地位，你要深入了解行为和决策风格方面的文化要求。
2. 如果你不断地被提拔，那么你就要身体力行地展现出企业文化所重视的品性特征。
3. 为了在工作中获得幸福感和成功，你需要使自己的性格特征和工作偏好与企业的文化要求完美契合。
4. 当你考虑加入某家新企业或者某个新领域、新行业，请务必认真了解其文化规则。在工作面试中，你要尽力去判断面试企业的文化规范，并问问自己，这样的文化规范是否适合你。
5. 请记住企业文化中的 5 个关键领域，对此，不同企业有着截然不同的要求。员工能否被企业视为高潜力人才也与其在这 5 个领域中的表现息息相关：（1）人际关系；（2）沟通；（3）决策风格；（4）个人观点和团队观点；（5）变革的文化导向。当你在接受面试或者步入新岗位时，不妨将这 5 点作为你了解企业文化的参考框架。

结 语

发挥全部潜力，把控你的职业道路

当通用电气企业任命约翰·弗兰纳里（John Flannery）为新的首席执行官时，原首席执行官杰弗里·伊梅尔特（Jeffrey Immelt）给出的评论简单直白："我们之所以将约翰选为新的首席执行官，并不是因为他所拥有的知识和能力，而是因为，我们认为他能够快速掌握他还没有的知识和能力。"这无疑与我们的观点不谋而合。我们希望你能记住这条最重要的忠告：**一旦停止学习的脚步，你将失去高潜力人才的地位。**同时，你还必须非常清楚自己需要学习的知识和能力，以及最佳学习方式。

你所面对的真正挑战，不仅在于如何成为一名高潜力人才，还在于怎样保持高潜力人才的地位。随着你在企业中的不断晋升，你要以更快的速度学习更难的知识和能力。我们看到过许多才华横溢的人在晋升为高管之后，失去了高潜力人才地位。他们没能实现最终的职业目标，也没能成为高级副总裁、进入企业的最高领导层。其中一些人认为，晋升为高管之后的任命都是水到渠成之事，无须再付出巨大的努力去争取；一些人则没能掌握他们本应掌握的新知识和能力；还有一些人没能认识到自己用于防止犯错的应对机制已经不管用了。上述种种情况中，这些高管都因停止了学习的脚步而失去了高潜力人才地位。我们希望这种情况永远都不会发生在你身上。

首先从最坏的情况开始探讨，即看看在哪些情况下，你可能会失去高潜力人才地位。此番探讨的目的是使你有备无患。随后，我们再讨论一个关键问题，即如果你迟迟没有获得高潜力人才地位，那么你是否应该跳槽。最后，我们将探讨如何才能培养出高潜力领导者所需的持续学习心态。

失去高潜力人才地位的原因

失去高潜力人才地位是很常见的事情。据估计，每年有 15%～25%的高潜力人才会被企业淘汰。在小专栏“哪些原因会导致你失去高潜力人才地位”中，我们列出了一些最常见的原因。当你处于职业生涯早期时，淘汰出局的主要原因包括绩效表现严重下滑，或者在关键时刻、压力很大时无法保持镇静。随着你的不断晋升，企业会将你的行为、人际关系和绩效表现三者结合起来考虑。若你整体表现不佳，可能就会被淘汰。当你晋升到企业的高层管理岗位时，你能否保持高潜力人才地位，则取决于你能否掌握新的能力并从更广泛的视角去看待问题。在小专栏给出的列表中，你会发现，其中许多原因与 5 大关键能力的缺失息息相关。

高潜力人才的能力评估
THE HIGH POTENTIAL'S ADVANTAGE

哪些原因会导致你失去高潜力人才地位

- 你在工作中一直表现不佳，无法出色地履行岗位职责，或者无法实现关键绩效目标。
- 虽然你实现了绩效目标，但并未给企业带来广泛的影响。
- 你的直接下属和同事对你的评价是，他们不喜欢与你合作。而且他们还会想办法使高层领导者知道你是一个素质差、难相处、做事散漫、傲慢无礼的人。这意味着你并不具备领导团队的能力。

- 你在追求职业理想的过程中，给人一种急功近利、过于强势和自私自利的印象。这样的人往往会被企业贴上“过于追求升职”的标签。企业会认为你一心只想着升职，心思不在发展业务上。
- 你与上级经常在工作风格上发生冲突，或者你没能进行有效的向上管理，无法在实际工作中体现出情境感知的能力。
- 你缺乏高管气质。例如，做事无条理、无规划，出席会议时着装不够正式，不注意肢体语言，以及缺乏清晰、权威的表达能力，等等。
- 在会议上，因为缺乏化繁为简的能力而无法清楚明确地表达想法。
- 你的同事认为你的见解和想法缺乏相关性。换言之，他们认为你无法在信息之间建立起重要的联系。
- 你在会议上经常迟到，无法按时完成任务，或者在其他方面失信于人。
- 你常常情绪失控，毫不掩饰自己的沮丧情绪，并且过于频繁地表现出负面情绪。你的喜怒哀乐溢于言表，人们很清楚可以怎样激怒你。
- 对于职场政治、企业文化以及与高管的沟通方式，你没能给予足够的重视。换言之，你缺乏情境感知的能力。
- 你不够尊重他人；在他人发表意见时，你没有耐心仔细聆听。在那些自负自大或者情商不高的人身上，尤其容易出现这种行为。
- 当你获知一些敏感或机密的信息时，常常会做出错误的判断。例如，将此类信息在错误的时间分享给了错误的人。记住那句谚语：“若要三人保密，除非两人已死。”
- 你缺乏加速学习的能力，无法通过学习来掌握下一步岗位晋升中应该掌握的知识和能力。

一旦拥有了高潜力人才地位，你就要努力保持下去。良好的情境感知能力和全面把控能力将让你如虎添翼。一旦失去了高潜力人才地位，你就很难翻身了。有些企业可能愿意给你第二次机会，将你安排到另一个岗位上去。这种方式叫作“重新栽培”，就好比重新栽种植物一样看看它是否能够重获新生。而另一些企业可能会直接将你从高潜力人才库中除名，集中精力去培养其他员工。职位级别越高，越是如此。一旦企业视你为“行事稳妥的管理者”，或者是一个难以相处、缺乏自信、自私自利的人，那么即便最后你能够奇迹般地扭转自己的糟糕表现，也会发现你很难改变人们对你已经形成的看法。在我们研究的案例中，仅有极个别的人在出现重大失误之后得以重获高潜力人才地位。而且，在所有此类案例中，这些人全都是因为取得了真正出色的表现，或者明显改变了行为，才得以重归原位的。此外，这些人通常还获得了一些位高权重者的支持。如果不是这些有影响力的领导者愿意伸出援手、为他们的出色表现辩护，他们很难有机会重新获得企业的赏识。

一旦失去高潜力人才地位，就很难重新获得了。如果出现这种情况，你应该怎么办？我们给你的建议是：与上级、上级的上级、人力资源管理人员和其他领导者沟通。接下来，我们将针对你应该听取、询问什么信息，以及如何判断自己是否应该跳槽的问题给出具体建议。

尚未成为高潜力人才，该怎么办

虽然你可能一直都在提升自己的 5 大关键能力，但企业迟迟不将你视为高潜力人才，那你该怎么办？不用担心。别忘了，正如我们在前言中所说的，许多企业对员工都有正式的保密政策，但是也并不是就无迹可寻。如果你受到高层领导者的特别关注，受邀加入特别任务小组，或是参加领导力计划，那么你很有可能已经被企业视为高潜力人才了。如果尚未看到任何类似迹象，那该怎么办？虽然企业在选拔高潜力人才时受到诸多因素影响，但你仍然可以通过一些方式判断出自己的职业前景。

与他人展开沟通、敏锐地观察上级如何对待你的同事，又是如何对待已被选为高潜力人才的下属的，以此来判断你的职业发展路径。你要与上级、上级的上级、你的导师、人力资源管理人员沟通，尤其要向他们阐明你的职业目标和理想。**如果你获得高潜力人才地位的机会不甚乐观，那么企业一般会使用 3 种不同的策略向你传达这样的信息。这 3 种策略分别是冷漠对待、安抚和误导。**

当你与他人谈论职业理想时，很容易就能看出对方是不是在使用第 1 种策略。他们会礼貌地倾听你讲述自己的兴趣，但不会表示出任何热情。在最好的情况下，你会收到一个冷静、措辞妥当的回复。对方会称，企业已经知晓了你的想法，并对此表示感谢。在最糟糕的情况下，对方可能会无动于衷地看着你，然后迅速改变话题。面对此类情况，你自然就知道了自己在企业中很难实现职业理想。

安抚是企业对表现良好的 B 级员工最常使用的策略。上级希望你继续留在企业，毕竟你一直以来的工作表现十分不错。然而，上级并不认为你拥有担任更高职位的潜力。他宁愿把你横向调动到其他平级岗位，或者让你继续待在原岗位保持良好表现。通常来说，企业对于有着深厚专业知识和能力的员工都会采取这样的态度。上级可能会告诉你，企业十分重视你，你在目前的职位上也做得很好。他可能还会告诉你，你要继续保持优秀的表现，为企业做更多的贡献，这样才有望晋升，或者对你说："升职加薪还需要点时间，不要着急。"只是他们不太可能给出具体的承诺。

误导策略则十分有迷惑性，它传达的信息很容易让你误以为企业已经视你为高潜力人才。上级可能会告诉你，你还要获得哪些新的经验，在哪些新的领域继续努力，以及有哪些岗位可能非常适合你。上级还会告诉你，他认为你将来会走上跨领域的职业道路。从这些信息中，你会以为你已经被视为一名高潜力人才了。然而，上级给你画的"饼"总是在变。他确实希望你能留在企业，不过只是希望你以待在原位的方式，继续发展能力，为企业做出贡献。我们在本书中讨论过变化无常的职业道路，以及你需要从不同的工作经历中积累经验的缘由。不难看出误导策略所传达的信息与企业向真正的高潜力人才所传达的信息极为相似。

你需要做的，是诚实地阐明你的长期职业目标，并注意观察和倾听，判断上级对你的真实看法。你甚至可以直接问上级："目前您对我的长期职业目标有何看法？"如果企业认为你拥有巨大潜力，那么你很可能会听到大量涉及延伸能力层面和各种任务机会等的正面信息，例如，"我们为你制订了宏大的计划""我们认为你有机会去各种地方做很多事情""我们将来都会成为你的下属"，等等。然而，如果你并不在企业的重点培养人员之列，那么企业就会使用上述 3 种策略来应对。企业并不是要故意骗你，它仍然想继续培养你，只不过不愿意以栽培高潜力人才的相同方式去培养你。

如果企业认为你潜力有限，该怎么办

你可以直接询问上级，具体需要做些什么才能取得更大的成功，你要如何证明自己，才能被企业视为有潜力承担更高职责的人。尽可能从上级口中获得具体的答案。如果他的回答内容不是针对你当前的绩效表现的，那么说明 5 大关键能力中，一定有你亟待发展的方面。

你可能在工作风格方面与上级或者高层领导者不匹配，这会影响到他们对你的看法（情境感知能力）；或者，企业中有传言称，你与他人无法进行良好的互动，你所引荐和管理的人才也缺乏良好的素质（领导团队能力）；或者，你在具有挑战性的任务中辜负了企业的期待，没有取得优异表现（全面把控能力）；抑或你的沟通能力和战略能力还不足以对高层领导者产生影响（化繁为简能力）；又或者，你可能没有表现出从经验中学习和成长的能力，对培养和发展自己的能力也缺乏内在驱动力（加速学习能力）。

即使你已经证明了自己拥有这 5 大关键能力，也还是要考虑自己的工作风格偏好与企业文化是否契合。或许你的工作风格与企业的主导文化格格不入，但你要从与他人的交谈和自己的观察中获得此类信息，从而进一步决定你必须集中精力于什么地方，才能使企业始终将你视为高潜力人才。

你是否应该考虑辞职

出于他人告知或自己判断，你得知企业并不认为你是高潜力人才，而且未来你在企业中的发展也会有一定的局限性。遇到这种情况，该怎么办？即便如此，获知此类信息依然有好处，因为你能据此做出选择。既可以选择继续尽最大努力保持最佳状态，静待情况有所好转；也可以选择离开企业，去其他地方寻找机会。有时候，离开企业并换个地方重新开始会是最简单的选择，但在此之前，你最好先问问自己以下问题。

迄今为止，你有过几位上级？如果仅有一位，那么现在辞职跳槽可能为时尚早。如果你有过 3 ～ 4 位上级，然而其中没有一位认为你是高潜力人才，这意味着你确实需要跳槽去其他企业寻找新的机会，尤其是当你在年终绩效评估中得到的评价都是“表现优良”时。你还要扪心自问，自己的实际表现是否高于他人对你的看法。“与同事相比，我的职业道德如何？”“与同事相比，我的个人才能如何？”“与同事相比，我的工作成果如何？我能以具体的实例证明我比某些人的工作能力更强吗？”

你要确保自己熟悉企业的人才评估流程和晋升流程。你是否及时更新了个人数据？企业是否清楚你的职业理想？企业更强调的是任职年限还是其他因素？正规教育背景对于获得高层领导岗位而言有多重要？例如，你是否需要获得研究生学位、接受高管教育，等等。你是否已经对自己的领导行为做过正式评估？你是否可以通过某种方式要求企业或他人针对你的能力给出反馈？企业是否会制订一些发展计划？如果是的话，你便能参与此类计划来实现进一步的发展，以此证明你愿意为企业做更多贡献。

最后，你还要认真思考自己的动机。你是否做到了全力以赴？是否掌握了 5 大关键能力，并一直运用到了工作中？由于你并不清楚企业怎么看待你的潜力，因此，在决定离职之前，你要将上述问题思考清楚。我们见过很多人在递交辞职报告或告知领导者辞职意图时，才发现企业其实是视他们为高潜力人才的，并且正在考虑向他们提供激动人心的晋升或发展机会。

假设在考虑过上述种种因素之后，你依然决定考虑外部发展机会，那么，当你在思考究竟接受哪份工作时，你需要权衡一些关键因素。新企业的文化是否适合你？不妨回顾一下第 8 章中关于文化的讨论，从各种维度去评估究竟何种文化与你的契合度更高。比如，是重视协同合作的企业文化，还是重视独立工作的企业文化？相较于目前企业的职业晋升流程，新企业的晋升流程是否更加先进或者更接近你理想的晋升流程？从你的内在天赋、能力和迄今为止累积的经验等各方面来说，新工作本身是否适合你？你能将哪些经验、能力和人际关系带到新企业中去？这些能否给你带来一些优势，使你刚进企业就获得优异的绩效表现？你能从新岗位和新企业中学到些什么，这些对你的职业生涯又有何价值？如果你离开目前的企业，那么你要放弃哪些人脉和机会？而放弃这些，是否会使你处于劣势，让你在步入新岗位时无法获得优异表现？

就人际关系网而言，换行业通常意味着你需要从零开始。同时，你还需要以极快的速度学习大量新的知识和技能。我们在对职业可迁移性的研究中得知，在换行业、换工作时，有一部分因素能够迁移到新的工作中去。其中可能包括你与客户的私人关系、之前建立的企业外部的人际关系网、你接受过的培训和教育和你拥有的内在才能。因此，你需要认真评估这些可迁移的因素能给你在新企业中带来多大优势，这一点十分重要。

高潜力人才还要做什么

假设你已经被企业视为高潜力人才，也在不断坚持将 5 大关键能力运用到工作中，同时还在依照我们的建议应对工作的方方面面。那么，接下来该做什么呢？接下来，你仍然需要不断学习、不断成长。

通过反馈学习

领导力发展水平与你能否成为高潜力人才息息相关，关键在于你要认识到自我意识和反馈的重要性。具有高度自我意识的领导者往往能够保持更加优异的表现，因此也更具潜力。这种基础素质就是我们常说的情商。丹尼尔·戈尔曼（Daniel Goleman）在对表现出色与表现一般的高层领导者进行过比较研究之后得出结论：两者近 90% 的差异之处，都源于情商和认知能力上的差异。

寻求反馈既是判断自身有何长处和有何改进之处的方式，又是激励自我

提升的有力手段。这对于自我意识而言至关重要。如果你从反馈报告中了解到你的同事认为与你共事很不愉快，你的直接下属认为你无法调动他们工作的积极性，而上级则认为你的判断力不强，那么你显然还需要提升诸多方面的能力才有望获得晋升。相反，如果你从反馈报告中了解到，你极其善于组建团队和领导大规模的变革型任务，在选拔优秀人才时的眼光也很精准，那么这就意味着你将来有望成为一名优秀的高层领导者。接下来的问题就是："我应该集中精力去改正缺点，还是去增强优势？"

关于以上问题，其实不存在"二选一"，而应该两方面都去做。约翰·曾格（John Zenger）、约瑟夫·福尔克曼（Joseph Folkman）、罗伯特·舍温（Robert Sherwin）和芭芭拉·斯蒂尔（Barbara Steel）通过研究发现，除特殊情况以外，相较于改正缺点，专注于增强优势通常能让你更明显地改善绩效表现。该研究收集了 2 万多名管理人员和 20 多万名受访者的 360 度评估报告。结果显示，只有 28%的人存在亟待改正的严重缺点。研究人员还提供了 4 个自我评估问题，帮助人们判断自己的缺点是否亟须改正：

- 我是否收到过可靠的反馈，表明我的绩效表现或晋升机会正受到我自己的不良习惯的影响？
- 我是否意识到他人对我的不良行为习惯的看法，别人是不是因此注意不到我的优秀品质？
- 与我共事的人在想到我时，是否总是最先想到我的不良行为习惯？
- 他们是否认为这些不良行为习惯就是我的个人特征？

如果你对以上 4 个问题的答案都是肯定的，那么你就要立即着手改正自己的缺点。研究还发现，有致命缺点的管理者，其工作效率往往非常低。因此，集中精力改正自身缺点至关重要，尤其是当你在企业的高层领导岗位上时。在职业生涯后期，你也许还会发现，过度利用自己的优势甚至可能变成你的致命缺点。

在评估了许许多多来自不同级别、处于不同阶段的领导者之后，我们发现最有效的方式是双管齐下，既改正缺点，也增强优势。具体将精力集中于增强优势还是改正缺点，取决于你的岗位和企业对你进行评估的方式。比如，如果 5 大关键能力中，你还有未能完全掌握、无法运用自如的能力，那么应当先集中精力提升这一能力。

在整个职业生涯中，如果你想获得并保持高潜力人才地位，那么在实现目标的过程中，对于你想要发展的领域，你要以积极的态度向他人持续寻求反馈，这一点至关重要。马歇尔·戈德史密斯（Marshall Goldsmith）[①]和霍华德·摩根（Howard Morgan）在研究哪些方式对领导力发展产生的影响最大时发现，寻求反馈这一方式一直被认为是最具价值的。优秀的领导者经常与同事讨论自己需要优先发展哪些领域，然后不断实现发展目标。随着时间的推移，这样的领导者往往能够获得长足的进步。相比之下，较为平庸的领导者不太会与同事讨论自己有待改进的地方，所以他们能否获得晋升全看运气。

如何征求反馈

那么，如何才能寻得坦诚的反馈？你又应该向谁征求反馈？如何确定自己需要优先发展的领域，进而评估自己取得的进展？你是否清楚应该提升什么能力，才能更好地迎接挑战？你是否能够保持不断学习，能在事物之间建立起关联？你是否热衷于学习并提升自己的知识和能力？这些问题既是持续

① 全球 50 大管理思想家之一，全球高级领导者教练领域的先驱。——编者注

学习的基础，也是发挥潜力的基本前提。

你可以通过以下方法向他人征求反馈意见，以此来确定自己的优势和发展机会、评估自己所取得的进展。

1. 始终先询问上级。上级往往最了解你需要关注和提升的领域。你的绩效表现和你能否被选为高潜力人才，也取决于上级。这正是情境感知能力的关键所在。如果你无法与上级保持良好的关系，不能准确感知其意图，那么你就无法获得有价值的反馈。

2. 向直接下属或同级同事征求反馈。在小组会议、电话会议或项目汇报之后，可以向直接下属或同级同事征求具有建设性的反馈。但是，当面交流的反馈信息可能比较委婉或者不够坦诚。有些人不喜欢过于直接地给别人提供反馈意见。而且，这种方式可能会令你的直接下属感到不安。要是从同事那里收集反馈，建议使用匿名工具，如线上 360 度评估等。你还可以使用企业正式的人力资源管理工具，或者聘请外部的教练，邀请能提供相关服务的人员和机构来收集反馈信息。这些人员和机构会通过这种独立收集数据后再汇总的方式进行反馈，受访者的身份便能够得到保密。如此一来，同事们可能会更加坦诚地指出你真正需要改进的地方。作为反馈的接收者，有些反馈信息或许会使你感到心里不舒服，然而，这样收集而来的信息更加准确，对你也更加有用。

3. 与导师、教练或其他同事合作。你可以选择一位定期合作者，也可以聘请外部专家来观察你一整天的工作内容及方式，让他们为你提供实时反馈。你还可以与一些能够给你提供发展性见解的人建立起长期的指导关系，帮助你判断应该进一步发展哪些优势领域，又应当弥补哪些关键的不足之处。当你在考虑帮助你的人选时，你要以你信得过的、打心眼里为你好的人为标准。最后，你还要以成为领导者为目标，集中精力自我发展。如果你沉下心来仔细观察，会发现很多人都与你目标一致。

这本书旨在帮助你更好地把控你的职业道路。我们希望书中的信息能够帮你实现目标，同时还希望你能不断进步，发挥出全部潜力，早日成为一名优秀的领导者。祝你好运！

致 谢

撰写本书的想法源于我们的经纪人吉尔·马萨尔（Jill Marsal）的一通电话。她在读完我们发表于《哈佛商业评论》的文章《你是否属于高潜力人才？》之后，问我们是否考虑过针对该主题撰写一本书。此前，我们并未考虑过，她的这番话提醒了我们，于是我们开始着手写这本书。首先，我们要感谢马萨尔的远见与鼓励。康格还想感谢他的同事道格·雷迪（Doug Ready）和琳达·希尔（Linda Hill）。康格正是由于与他们在研究和写作上进行合作，才使得发表于《哈佛商业评论》的那篇文章成型，并进一步为本书奠定了基础。多年以来，雷迪一直与康格保持合作，两人共同致力于解决企业所面临的有关人才的严峻问题。对此，康格要感谢雷迪，因为这段合作伙伴关系和友谊使他受益匪浅。

我们非常荣幸能让《哈佛商业评论》出版社的天才编辑梅琳达·梅里诺（Melinda Merino）参与进来。在撰写本书的过程中，她是极为重要的合作伙伴。单单说是幸运，还不足以表达我们的感情。梅里诺挖掘出了我们作为作者最优秀的一面，并使整个写作过程变得愉快而高效。梅里诺的同事简·格布哈特（Jane Gebhart）和戴夫·利文斯（Dave Lievens）也一直在指导我们，在此向两位表示感谢。我们还想向基思·普费弗（Keith Pfeffer）和出版社营销市场团队的同事们表示感谢，能与他们合作也是我们的荣幸。

这次撰写本书，是我们两人首次合作。整个合作过程中，我们做到了彼此互补。丘奇特别感谢康格邀请他参加这个写作项目，感谢康格愿意在写作过程中不断分享他的创造力。康格特别感谢丘奇将批判性思维以及他在高潜力人才评估领域中深厚的专业学养带入这个项目，感谢他毫无怨言地忍受康格字斟句酌、反复修改的写作习惯。这是一段绝妙的旅程！

如果没有那么多人慷慨地与我们分享他们对高潜力人才和领导力的见解，这本书便无法问世。丘奇在此向他在百事企业的上级表示感谢，其中包括卢西恩·阿尔齐亚里（Lucien Alziari）、佩姬·摩尔（Peggy Moore）、戴维·艾尔（David Ayre）、罗恩·帕克（Ron Parker）、安德烈亚·费拉拉（Andrea Ferrara）、戴维·亨德森（David Henderson）、塞尔希奥·埃萨马（Sergio Ezama）、莫妮克·里塔卡–埃雷纳（Monique Ritacca-Herena）、露丝·法托里（Ruth Fattori）和辛西娅·特鲁德尔（Cynthia Trudell）。他们给了丘奇接受挑战的机会，使他对企业中的人才发展和人才潜力有了更加深入的理解。他还要感谢与他一起建立世界一流的评估和开发系统的亲密同事们，其中包括克里斯托弗·罗托洛、丽贝卡·莱文（Rebecca Levine）、妮可·金瑟（Nicole Ginther）、迈克·塔勒（Mike Tuller）、马特·德尔·朱迪切（Matt Del Giudice）、艾莉森·马古利斯（Alyson Margulies）、卡拉·韦德（Cara Wade）、金·哈皮奇（Kim Happich）、克里斯蒂娜·弗莱克（Christina Fleck）、莉莉·迈森（Lily Maissen）、洛丽·道森（Lori Dawson）、杰米·洛佩斯（Jamie Lopez）、拉菲·普拉格（Rafi Prager）、琳恩·努德兰德（Linn Nordlander）、杰奎琳·迪基（Jacqueline Dickey）、戴维·奥利弗（David Oliver）、杰夫·约翰逊（Jeff Johnson）、米格尔·普雷莫利（Miguel Premoli）、卡米拉·阿恩斯滕（Camilla Arnsten）、克里斯托弗·夏洛克（Christopher Shyrock）和帕万·巴蒂亚（Pavan Bhatia）。

此外，丘奇还想在此感谢来自外界的合作伙伴、他的朋友，那些对他产生深远影响的人，以及在人才管理和高潜力人才领域曾与他进行过友好争论的对手们，其中包括约翰·斯科特（John Scott）、凯伦·保罗（Karen Paul）、戴夫·布拉肯（Dave Bracken）、约翰·布德罗（John Boudreau）、罗德尼·沃伦费尔茨（Rodney Warrenfeltz）、杰夫·麦克亨利（Jeff McHenry）、比尔·梅西（Bill Macey）、史蒂文·罗格伯格（Steven Rogelberg）、艾伦·科尔基特（Alan Colquitt）、摩根·麦考尔、辛迪·麦考利（Cindy McCauley）、艾伦·克劳特（Allen Kraut）、米尔特·哈克尔（Milt Hakel）、艾伦·卡门（Allen Kamen）、韦恩·卡肖（Wayne Cascio）、查理·罗杰斯（Charlie Rogers）、伊夫琳·罗杰斯（Evelyn Rogers）、保罗·拉塞尔（Paul Russell）、卡罗尔·瑟菲斯（Carol Surface）、莫里斯·考克斯（Maurice Cox）、乔尔·布罗克纳（Joel Brockner）、道格·雷诺兹（Doug Reynolds）、伊莱恩·普拉科斯（Elaine Pulakos）、德布拉·诺麦尔（Debra Noumair）、伯纳多·费尔德曼（Bernardo Ferdman）、埃里克·埃尔德（Eric Elder）、卡罗尔·蒂姆雷克（Carol Timmreck）、彼得·凯罗（Peter Cairo）、戴维·多特利奇（David Dotlich）、史蒂夫·克虏伯（Steve Krupp）、马克·埃弗龙（Marc Effron）、托马斯·查莫罗-普雷穆日奇（Tomas Chamorro-Premuzic）和西摩·阿德勒（Seymour Adler）。丘奇也要特别感谢罗布·西尔泽。在探索领导潜力的潜在本质和绘制领导潜力蓝图的基础工作中，两人进行的所有讨论、关于各种理论的辩论及合作，都使丘奇受益匪浅。西尔泽使丘奇理解了高潜力人才蕴含的各种潜力。

多年以来，康格有机会与乔伊丝·罗兰（Joyce Rowland）和她的企业共同致力于人才发展。对此，康格想向她表示感谢。无论是这些工作机会，还是罗兰在人才发展方面的敏锐洞见，都对本书中提及的许多经验教训的形成发挥了至关重要的作用。康格还想对人力资源和领导力发展社区的同事们表示感谢，这些同事为本书提供了重要的见解，其中包括马克·奥尔德斯、斯科特·多尔尼（Scott Dolny）、史蒂夫·埃里克森（Steve Erickson）、布赖恩·菲舍尔（Brian Fishel）、海伦娜·戈特施林（Helena Gottschling）、艾伦·凯（Allan Kaye）、莱茜·莱昂（Lacey Leone）、格蕾丝·麦克阿瑟（Grace MacArthur）、埃米·迈耶（Amy Meyer）、莫希特·纳格拉思、迈克尔·莫利纳罗（Michael Molinaro）、珍妮特·皮安科夫（Janette Piankoff）、戴维·罗德里克斯（David Rodriquez）、理查德·沃斯伯格（Richard Vosburgh）、丽贝卡·沃克（Rebecca Walker）、凯文·怀尔德（Kevin Wilde）和伊恩·齐斯金（Ian Ziskin）。

我们在探索5大关键能力和高潜力领导者相关的知识时，许多高管和首席执行官帮助我们加深了理解。在此，我们想对雷·贝内特、斯科特·德鲁里（Scott Drury）、沃纳·盖斯勒（Werner Geissler）、梅兰妮·希利（Melanie Healey）、史蒂夫·克拉尔（Steve Klar）、杰夫·马丁（Jeff Martin）、罗比·珀尔（Robbie Pearl）、道格拉斯·彼得森（Douglas Peterson）、迪米特里·帕纳约托普洛斯（Dimitri Panayotopoulos）、德鲁·平托（Drew Pinto）、德布拉·里德、布伦登·索兹（Brendon Swords）、史蒂文·威廉姆斯（Steven Williams）和玛莎·怀尔施（Martha Wyrsch）等人致以由衷的感谢。关于如何才能获得并保持高潜力人才地位，我们对以下人士的采访同样加深了理解，在此也想对他们表示感谢。其中包括乔尔·阿尔巴雷拉、布伦达·阿伦兹（Brenda Arends）、哈里·阿武拉（Hari Avula）、阿尔努·巴尔赫伊曾（Arnoud Balhuizen）、杰里米·丘拉（Jeremy Chura）、克劳迪娅·克雷戈萨（Claudia Craigoza）、吉姆·克里斯塔洛（Jim Cristallo）、埃朗·费尔德曼（Elan Feldman）、吉娜·付（Gina Fu）、凯利·霍尔（Kelly Hall）、格雷姆·赫普沃思（Graeme Hepworth）、让·海曼（Jean Hyman），约翰·詹金斯（John Jenkins）、克里斯·坎普钦斯基（Chris Kempczinski）、维娜·卡纳（Veena Khanna）、斯宾塞·李（Spencer Li）、朱利安·勒斯蒂格（Julian Lustig）、吉姆·林奇（Jim Lynch）、詹妮斯·马丁内斯

（Jannies Martinez）、瑞秋·萨默斯（Rachel Sommers）、迪维亚·维什瓦纳特（Divya Vishwanath）、马特·汤普森（Matt Thompson），马修·米尔切蒂奇（Matthew Milcetich）、埃米·米勒（Amy Miller）、罗布·斯佩兰扎（Rob Speranza）、唐·斯旺（Don Swan）、格雷格·维斯和格蕾丝·沃伦（Grace Warren）。此外，这些年来，还有许多人不断与我们分享他们的领导经验。虽然他们有的人的名字本书未提及，但对于他们带来的各种见解，我们也表示衷心的感谢。

我们还想向我们的导师致以真诚的谢意，他们对我们形成本书的见解乃至我们两人的职业生涯，都产生了极大的影响。杰克·加巴罗、约翰·科特（John Kotter）和保罗·劳伦斯（Paul Lawrence）使康格更加深入地了解了领导力的复杂性和实地研究的重要价值。更为关键的是，他们使康格认识到，研究需要以极大地促进管理实践为目的。拉尔夫·比加迪克（Ralph Biggadike）、约翰·科特和杰克·韦伯（Jack Weber）不仅鼓励康格成为企业行为学教授，使他认识到自己是一个热衷于将毕生所学传授给其他管理人员的人，还使他不断保持对于领导力领域的热情。康格与埃德·劳勒（Ed Lawler）的研究激发了他对人力资源职能和人才管理的兴趣。在丘奇刚刚步入企业发展领域时，沃纳·伯克（Warner Burke）就给予了他特别关照，并在他的整个职业生涯里不断给予指导。我们要向上述塑造了我们的观点和职业之路的导师们致以最诚挚的谢意。

最后，康格还要感谢克莱蒙特·麦肯纳学院批准的公休假，这为他撰写本书提供了充足的时间。

未来，属于终身学习者

我们正在亲历前所未有的变革——互联网改变了信息传递的方式，指数级技术快速发展并颠覆商业世界，人工智能正在侵占越来越多的人类领地。

面对这些变化，我们需要问自己：未来需要什么样的人才？

答案是，成为终身学习者。终身学习意味着具备全面的知识结构、强大的逻辑思考能力和敏锐的感知力。这是一套能够在不断变化中随时重建、更新认知体系的能力。阅读，无疑是帮助我们整合这些能力的最佳途径。

在充满不确定性的时代，答案并不总是简单地出现在书本之中。“读万卷书”不仅要亲自阅读、广泛阅读，也需要我们深入探索好书的内部世界，让知识不再局限于书本之中。

湛庐阅读 App：与最聪明的人共同进化

我们现在推出全新的湛庐阅读 App，它将成为您在书本之外，践行终身学习的场所。

- 不用考虑“读什么”。这里汇集了湛庐所有纸质书、电子书、有声书和各种阅读服务。
- 可以学习“怎么读”。我们提供包括课程、精读班和讲书在内的全方位阅读解决方案。
- 谁来领读？您能最先了解到作者、译者、专家等大咖的前沿洞见，他们是高质量思想的源泉。
- 与谁共读？您将加入到优秀的读者和终身学习者的行列，他们对阅读和学习具有持久的热情和源源不断的动力。

在湛庐阅读 App 首页，编辑为您精选了经典书目和优质音视频内容，每天早、中、晚更新，满足您不间断的阅读需求。

【特别专题】【主题书单】【人物特写】等原创专栏，提供专业、深度的解读和选书参考，回应社会议题，是您了解湛庐近千位重要作者思想的独家渠道。

在每本图书的详情页，您将通过深度导读栏目【专家视点】【深度访谈】和【书评】读懂、读透一本好书。

通过这个不设限的学习平台，您在任何时间、任何地点都能获得有价值的思想，并通过阅读实现终身学习。我们邀您共建一个与最聪明的人共同进化的社区，使其成为先进思想交汇的聚集地，这正是我们的使命和价值所在。

图书在版编目（CIP）数据

高潜力人才的5大关键能力 /（美）杰伊·康格
(Jay A. Conger)，（美）艾伦·丘奇
(Allan H. Church) 著；徐烨华译. -- 杭州：浙江教
育出版社，2023.5
ISBN 978-7-5722-5766-7

Ⅰ. ①高… Ⅱ. ①杰… ②艾… ③徐… Ⅲ. ①领导学
Ⅳ. ①C933

中国国家版本馆CIP数据核字(2023)第073147号

浙江省版权局
著作权合同登记号
图字: 11-2022-247号

上架指导：商业新知 / 职场

高潜力人才的5大关键能力
GAOQIANLI RENCAI DE 5 DA GUANJIAN NENGLI
［美］杰伊·康格（Jay A. Conger）艾伦·丘奇（Allan H. Church）著
徐烨华　译

责任编辑：胡凯莉
美术编辑：韩　波
责任校对：刘姗姗
责任印务：陈　沁
封面设计：ablackcover.com
出版发行：浙江教育出版社（杭州市天目山路 40 号　电话：0571-85170300-80928）
印　　刷：天津中印联印务有限公司
开　　本：710mm × 965mm　1/16
印　　张：16.25　　字　　数：226 千字
版　　次：2023 年 5 月第 1 版　　印　　次：2023 年 5 月第 1 次印刷
书　　号：ISBN 978-7-5722-5766-7　　定　　价：99.90 元

如发现印装质量问题，影响阅读，请致电 010-56676359 联系调换。